# 怪談群書
# 墜落人形

雨宮淳司



竹書房
怪談
文庫

※本書に登場する人物名は、様々な事情を考慮してすべて仮名にしてあります。また、作中に登場する体験者の記憶と体験当時の世相を鑑み、極力当時の様相を再現するよう心がけています。現代においては若干耳慣れない言葉・表記が登場する場合がありますが、これらは差別・侮蔑を意図する考えに基づくものではありません。

# はじめに

世の中には、二種類の人間がいる。

幽霊に出会って驚く人と、驚かない人だ。筆者は、断然後者のほうが好きである。

驚きのあまり他愛なく気絶して、「気が付いたら朝になっていた」などということはないし、「それから先のことは憶えていない」なんていうふうに、肝腎なところを外すこともない。

こういう人は好奇心が先に立っていて、幽霊をネチネチ観察していたり、「凄い凄い！」と喜んだり、「思っていたのと違う！」と不満を表したりする。

果ては、繰り返し呼び出そうとしたり、正体を見極めようとしたり、捕まえようとしたり、格闘したりする。

ただ、そこまでいくと筆者としても、さすがに「それ、間違いないですか？」と訊かざるを得ないのであるが、しかし、そういう話のほうが「怪談」としては段違いに面白いのも確かなのである。

故に、そういうクセのある話を集め、ここに「怪談群書」としてお届けしたいと思う。

# 目次

# スベリヒユ

真知子さんの家の裏側には、複数の建築業者が出入りする、かなりの面積の資材置き場があった。

しかし、間の一角に緑地が残され、更に真知子さん宅に寄って何故かプレハブ造りの平屋があって、がらんとした広い前庭のような、駐車場のようなスペースも付随していた。

その為、それが緩衝地帯になって、トラックの出入りや積み下ろしの騒音に悩まされることはなかった。

その前庭は資材置き場と繋がっていて、そのままトラックが乗り入れられるようになっていたが、そこが使用されるようなことはなかった。

プレハブの家は、何の用途でそこにあるのかもよく分からなかったが、真知子さんが幼いときからそこにあり、ずっと空き家であった。

人が住むには粗末すぎたし、家というより土地が何らかの理由で塩漬けになっているのではないかと、真知子さんの両親は話していた。

真知子さんの家との区切りには青いネットフェンスが設置されており、庭に出れば素通しでよく見えるし、家の二階にある真知子さんの部屋の窓からも、否が応でも様子が分かる。

真知子さんが高校に入学した年の、七月の中旬だった。

ふと夜に窓を見ると、その家に明かりが灯っていることに気づいた。

裸電球を一個だけ点けたような感じで、カーテンも何もないので全ての窓からオレンジ色の光が漏れていた。

人影は見えなかったが、誰かが住みだしたのかもと思い、そのことは翌朝朝食の際に両親にも話した。

弟で、中学二年の弘晃も明かりに気が付いたと言い、

「出入りするところをちらりと見たんだけど、大人じゃなかったなあ」と、話した。

「大人じゃない？」

それは、どこかの子供が入り込んで、勝手にアジトにしているんじゃないかと思ったらしく、

「ちょっと、隣の会社に訊いてみようか」

と、真知子さんの父親は呟いた。

翌日、夕方に真知子さんが帰宅すると、母親から洗濯物の取り込みを頼まれた。

裏庭の物干し台の所へ籠を持って歩いていくと、フェンスを挟んだ先に麦わら帽を被った誰かがいた。

弟と同年代くらいの男の子で、移植用のスコップを持って地面の草取りをしているように見えた。

「こんにちは」

お隣さんだろうか、と思って声を掛けると、少年は少し怯えたような目の色を見せたが、

「こんにちは」と、返してきた。

「ここに住んでいる鎌田です。真知子と言います」

「河本です。河本竜」

本当はどこの学校なのかを訊きたかったが、何だか踏み込みすぎかなと思ったので、

「草取り？」と、訊いた。

「まあ、そうですね」と、言う。

しかし、その前庭には農家泣かせで有名なスベリヒユが全体的に繁茂していた。元々は石畳のようにコンクリートの板が敷き詰められていたようなのだが、全てが緩んで凸凹になってお

り、隙間からそれが猛烈な勢いで茎を伸ばしている。

赤っぽい茎のそれが地勢のほとんどを征しており、他の雑草を隅へと追いやっていた。

少々刈り取っても、と思ったが、ひょっとしてうちの土地へ侵入しやすい部分を抜いているのかも、と気づいた。

少年はスベリヒユの大きな株を両手に一つずつ下げて持つと、立ち上がって、

「じゃあ、失礼します」と言って、そのまま家へと帰っていった。

その際に初めて正面から表情が見えたが、それは見たこともないくらいの美貌で、真知子さんは呆気に取られた。


夕食時に、そのことを話すと、資材会社の人と直接話したという父親が歯切れの悪い感じで、

「どうも、不登校のようなんだけどな……」

「へえ」と、父親以外の三人が驚いた。

不登校で一人でいるのか？

「母親が……と言っても父親の再婚相手なんだが、先日自殺して」

「それで？」

「学校でも何かあったらしいんだが、それはよく分からない。父親とも折り合いが悪くて、引き籠もるよりも、暫《しばら》く一人住まいさせてみようということになったらしい。そこの土地の地権はその父親が持っているらしいんだけど、実際はいろいろ複雑みたいだな」

「けど、それって放置じゃないの」

と、母親が憤慨したように言った。

「あんなボロ屋で、一人で暮らしていける訳はないわよ」

「生活費は渡しているらしいんだが。……何かあったらなあ。……未成年だし俺達にも保護観察義務くらいは、あるのかもしれないなあ」

「同い年くらいだし、弘晃が友達になってあげなよ」

真知子さんがそう言うと、

「えっ、そんなややこしい奴、困るよ」と、弘晃は露骨に厭な顔をした。

あんただって、相当ややこしいじゃない、と言いたかったが姉弟喧嘩になるのが目に見えていたので口を噤《つぐ》んだ。


次の日は休日だった。

もう外は夏の日差しで、カーテンを開けると猛烈に眩しかった。

見下ろすと、隣の少年がまた麦わら帽を被って庭の隅を突いている。服装は青いTシャツとグレーのチノパン、ビーチサンダルで昨日と変わらなかった。

「洗濯機とかお風呂とか、あの家にあるのかしら？」

と、思い、いろいろ疑念が湧いた。

引っ越し、といった感じでの荷物の運び込みはなかったはずだ。

そのことを母親に話すと、何か決心したように、

「行ってみましょう」と、エプロンを脱いで玄関へ向かった。

外履きを履いて付いていくと、母親はフェンスの傍にいた少年に、

「こんにちは」と、すぐに声を掛けた。その後声が詰まったが、それは振り向いた少年の美貌にやはり驚いたらしかった。

「と、隣の鎌田ですけど、ちょっとお宅にお邪魔させてもらってもいいかしら」

「え？　それは困ります」

「生活に必要な物があるのか気になるんですよ」

「ありますよ。……古いけれど」

「お風呂は？」

「シャワーが出ます」

「シャワーだけ？」

「……です」

母親は何か考えていたが、

「丁度お湯を張っているから、あなたうちでお風呂に入りなさい。随分入っていないんじゃないの？」と、言った。なかなか強引な口調である。

「それは……」

「着替えはあるの？　……なさそうね。真知子、弘晃の分から抜いて用意して」

「了解です」

妙に楽しくなってきたので、真知子さんは取って返して、家事室のストックから、なるべく上等な物を選択してお風呂場の棚にセットした。

シャツなど、「これのほうが似合うんじゃないかなあ」等と、つい考えてしまう。

暫くして、根負けした様子の少年が母親に引き連れられて玄関口に現れた。

「……お邪魔します」

と、えらくしょんぼりしている様子が印象的だった。自分でも強引に他所様《よそさま》の風呂に招かれたらそうなるだろうと思い、

「さあ、こっちこっち」と、有無を言わせず案内した。

「タオルは、白い奴を適当に使ってね」

少年は観念した様子で、更衣場のドアを閉めた。

母親と二人でリビングのほうへ、そそくさと移動する。

「やだ、吃驚《びっくり》した。すっごい美少年」

「アイドルでもいないよね」

「女顔っていうだけでもないわね。あれは逸材だわ」

盛り上がっていると、風呂場のほうから悲鳴がして、弘晃が転びそうになりながら走ってきた。

「ふふふ風呂場に、ししし知らない女の子がいる！」

「お、女の子？」母親と目を合わせて大笑いした。

こざっぱりとして弘晃の衣服を着けた少年が、リビングで冷やした牛乳を飲んでいるのを見

て、母親はニヤニヤしていた。

髪は帽子の中で纏めていたらしく、下ろすと肩くらいまであった。ますます、女の子にしか見えない。

しかし、あまりにもお節介が過ぎるのも何だか嫌だろうと母親は自戒したのか、

「洗濯機は、お家にあるの？」

「あります」

「なら、汚れ物は持って帰ってね。ビニール袋は……」

「家事室にあるよ。取ってくるね」

「あ、僕がします」

「いいから、待っていて」

真知子さんはそう制して家事室から不透明のレジ袋を持ってくると、更衣場へ行き、脱衣籠の中の汚れ物を移した。

「あれ？」

Tシャツに包まれてはいたが、薄いパープルの……スポーツブラが見えた。

「……？」

男の子のはずだが？　しかし、下履きは普通の男子用のトランクスである。うっかり抓んでみて、自分は何をやっているんだろうと思って真っ赤になった。

顔の赤みが引くのを待ってリビングへ行き、それを手渡すと、お礼を言って少年は帰っていった。

「いい子よねえ」と、母親が言った。

「弘晃と交換してくれないかしら」と、真知子さん。

「俺は姉貴と交換してもらいたい」と、弘晃。

「私も弘晃と交換してもらいたい」と母親が言ったので、弘晃がむくれた。

「ひでえ」

「けれど……何で、あんな子が不登校に？」

母親の呟きで、皆で考え込んだ。

少年は、ぽつぽつと家の物を買い揃えているらしく、暫くしてカーテンが付いた。

彼の父親もたまには来訪しているのか、自転車がいつの間にか軒下に置かれていた。

夜にはカーテンに、テレビらしき光の瞬きも映りだした。

夏休みに入り、二階の部屋にいて机に向かっていると、再三どうしても窓から庭を覗きたくなってしまって困った。

高い頻度で少年は庭におり、飽きもせずにスベリヒユを刈り取っていた。

そして、あるときに気づいたのだが、その少年の様子を正面道路側から覗いている人影があった。植え込みの隙間を透かして、明らかに少年を見ている。

ウエストにタックのある白っぽいワンピースを着た婦人で、遠くからそっと窺っている感じだった。声を掛けたりすることはなく、気が付くといつの間にかいなくなっている。

きっと、あの少年を気掛かりに思っている人物の一人なのだろう。

お父さんの後妻は亡くなったと聞いたが、ひょっとすると実母なのかもしれない。けれど、それなら声くらい掛けてあげればいいのに、と思った。

二度ほどその姿は見かけたが、雨の日を挟んでからはまだ現れてはいないようだった。

その日の夕方、少年が借りていた弘晃の衣服を持って来訪した。

母親が応対していたが、絶対にすぐに帰らせる気はなさそうだった。

「カレーがもうすぐできるから、食べて帰りなさい」

「でもですね……」

「いいから」

様子を見に来た弘晃に、洗濯して綺麗に畳んだ衣類を少年は手渡した。

「遅くなってしまって……」

「いや、大丈夫だよ……」明らかに弘晃は動揺していた。

まるでボーイ・ミーツ・ガールの物語の冒頭みたいに見えてしまい、真知子さんはむず痒いものを感じた。

その日は父親がいたので、真知子さんが紹介すると、

「河本竜です」と、臆さない様子で挨拶をした。

父親は特に何も訊かずに、

「まあ、うちのカレーはまずまず美味いから食べていきなさい」とだけ言った。

皆で食卓を囲む。

食べ始めて間もなく、

「竜君は……えーと、勉強とかは……答えたくなければ、あれだけど……どうしているの……かな？」と、母親が言った。

え、今それを訊く？　と、皆に緊張が走った。

少年はナプキンで口元を拭いて、

「今は心の整理が付いていませんが、ひょっとしたら三年生になったらまた登校するかもしれません。けれど、調査書の内申点は、どうしても悪くなるので、将来私立の通信制高校へは行けるようにと、最低限のことはやっています」と、述べた。

「……しっかりしているな」と、父親。

母親も頷《うなず》いていた。何だか涙ぐんでいる。

これなら、あまり心配はいらないのかもしれない、と真知子さんは思った。

少年が辞去して、真知子さんが自分の部屋へ行く際、手前側にある弘晃の部屋のドアが僅かに開いていた。

何げなく覗くと、少年が返却した洗濯物に顔を埋めて、弘晃がベッドの上で身悶えしているのが見えた。

……血の気が引き、物音を立てないようにそっと移動して自分の部屋に籠もった。

次の日も、少年は相変わらず照りつける炎天下の中でスベリヒユを毟《むし》り取り、それを家のほうに運んでいるようだった。

……段々と不可思議に思えてきた。あれは、単なる草取りではないのではないか？

しかし、理由が思い付かない。

思い当たることと言えば、スベリヒユは食用にできる野草の筆頭辺りにいるらしく、ネットで調べると、幾らでもレシピがヒットした。

だが、幾ら好物だったとしても、あんなに食べるとは思えない……。

何で、あんなに黙々と刈っているのか……。

どうも、水も飲まないで少年が長時間座り込んでいるので、真知子さんは急に心配になり、麦茶のボトルを持って裏庭へ降りてみた。

「水分を摂らないと」と、前置きなく言ってそれを差し出した。

少年は手を休めて真知子さんを見上げた。立ち上がって、

「ありがとう。頂きます」

ボトルを受けとって、蓋を開け喉を鳴らしてそれを飲んだ。

日に焼けて、一段と精悍《せいかん》になった少年に思わず見惚《みと》れていると、

「……この間、スポーツブラ……ばれちゃいましたよね」と、目を逸らして言われた。

「え？　ああ、まあ」

何と答えていいのか分からずに、ドギマギする。

「実は、お恥ずかしい話なんですが、女物の衣裳一式が欲しいんです。お金ならあります」

「え？」

「この際、協力者がいないと、いろいろまずいことになりそうで」

今ひとつ意味が分からなかったが、この少年には女装癖があるということだろうかと考えていると、

「あと、ウィッグとか化粧品も一式。下着もですね」と、付け足した。

「ええと……」

「言っておきますけど、僕は性同一性障害とかではありません。男性が好きな訳でもありませんし、女装が好きな訳でもないです」

なら何で？　と言う前に、

「真知子さんは、いろいろ勘が鋭いですよね。隠されたものを見つける」

昨夜の弘晃の件を思い出して、厭な感じがした。

「知らないうちに、おかしなものを見つけている。僕もそうなんですよ。同類なのかもしれない。……協力者になって下さい」

何の為に、何を協力するのかというところがぼやけていたが、呪縛されたかのように真知子さんは頷いていた。

服を買うのなら、寸法取りをしないとと言うと、自分の家では無理なので、真知子さんの部屋でお願いしますと言う。

何で無理なのかがよく分からなかったが、気が付いたら自分の部屋で半裸の少年の身体にメジャーを回していた。

部屋の外では、あの少年が自分からスタスタと真知子さんの部屋に入っていったのが腑《ふ》に落ちないのか、母親が首を捻りながら出てくるのを待っている様子だった。

寸法取りが終わり、化粧品やその他一式のリストを作成して、二人で階下へ降りた。

リビングにいた弘晃の目が、「何をやっていたんだ」と、明らかに嫉妬に燃えているのが分かった。

が、少年は「ちょっと数学で分からないところがあるんで、教えてくれない?」と言って、まっすぐ弘晃のほうへ行き、その後ソファの隅で、二人でくっつくようにして教科書を開きだした。

……懐柔策。

それはいいのだが、あれではますます弘晃が少年にのめり込むのではないか?

当たり前と言えば当たり前だが、少年には自分のチャームが分かっているのだろう。それが、滅法強力なのが問題なのかもしれないと思った。

「真知子、ちょっと」と呼ばれたので、母親の所へ行くと、

「これはなあに？」と、ひらひらと紙切れを見せられた。

それは、少年の寸法表と先ほど作成した買い物リストだった。

「部屋に入ったの？　お母さん！」

「まあ、いいじゃない。面白そうなことをやっているわね。コスプレ？」

「いや……まあ……うん」

「この寸法なら、あの子でしょう？　ちょっと、見てみたいわ」と、何時《いつ》にない感じで嬉々としてそう言った。

「凄く綺麗に違いない……」

少年のお金で買い物リスト通りの物品は揃ったのだが、母親が自腹で大幅に買い足してしまった。

母親にばれたことを謝ったが、少年は、

「それならそれで構いません」と、意に介さないようだった。

真知子さんは他人にメイクを施したことがなかったので、むしろその点は僥倖《ぎょうこう》だった。

母親はそれが得意で、見たこともない高級化粧品のセットをテーブル一面に広げて、丹精込めて少年にメイクを行った。

じわじわと、凄絶な美少女ができあがっていく。

詰め物を入れた下着を着け、ドルマンスリーブのゆったりとした五分袖ブラウスと、薄緑のダブルプリーツのロングスカートを合わせると、どこか歴史の趣さえ感じさせるような、美しい令嬢がそこに座っていた。

「綺麗」と、真知子さんは本気で思った。

弘晃も見惚れていたので、

「綺麗よね?」と促すと、

「いや、俺は素のほうがす……」まで口を滑らせて、慌てて姿を消した。

「いや凄いな」と、帰宅していた父親までやってきた。

「これは、写真にして残しておきたい」

と言い、部屋から一眼レフのカメラを持ってきて、レフ板まで設置すると猛然とシャッターを切り出した。

母親もはしゃいで、「この角度もいいわよ」とかいろいろ指示を出している。

妙な喧噪の中で、真知子さんはふと我に返った。

――何だこれは？

全員が、この少年の虜《とりこ》ではないか？

そう思ったとき、少年の瞳がまっすぐ真知子さんを見て、少し寂しそうに笑った。


少年が、度々来訪するようになった。

少年は、自分で化粧をする方法を母親から熱心に習っていた。

普段なら、男の子にそんなことを教える時点で倫理的に引っ掛かって、「あまり、それはよろしくないわね」等と言いそうなものだが、全くその様子はなかった。

少年が来てくれることを嬉しがって、更に化粧品を買い足す有様である。

父親のほうも、結構高額の照明機材を買ってきたかと思うと、今は高級カメラのカタログを取り寄せて、それを見ながら悩んでいた。

最低でも五十万円からのもので、倹約家だったはずの母親は、

「いっそ一番高い奴でいいんじゃない？」と、焚き付けていた。

逆にどこか熱が冷めてきた感じなのが弘晃で、やはり少年の女装が不満のようだった。

少年と二人でいるときに、

「女装が好きなのか？」と、突っ込んだことを訊いているのが聞こえた。

「……醒める？」と切り返されて、赤黒く赤面をしていた。

その日は遅くまで女装した姿で少年は家にいたが、しかし必ず二十一時くらいになると、彼は引き揚げていくのだった。

二階の窓から見ていると、その日母から宛がわれたノースリーブの白いワンピース姿の少年が、スベリヒユを踏みつけながらプレハブに辿り着くところだった。

……だが、その後ろにもう一つ、同じような白っぽいワンピースの人影があった。

時々見かけるあの婦人？

それは少年に追いつきそうな速さで入り口まで移動していたが、不意に立ち止まり、急に人体とは思えない感じで捻れるようにしてくずおれた。

「……え？」

だが、どうなっているのか、暗くてよく分からない。

そして、またプレハブのドアが開き、少年がそれを中に引き入れた。

奇妙なことに、その動きは何個かに分割して中へ入れているとしか思えなかった。

少年は辺りを見回し、こちらに気づいた様子で固まると、腰に手をやって何か考えていたが、やがて手を振って手招きをした。


なるべく物音が伝わらないルートを採って、真知子さんは家の外へ出た。

前面道路を歩いて、少年のいるプレハブの敷地に入る。

足元はスベリヒユでふかふかしており、体重を掛けると踏み潰す感触がある。注意しないと滑って転びそうだった。

プレハブの窓からは、薄くオレンジ色の光が漏れていたが、とにかく暗い。

薄気味の悪いのを我慢して、どうにか入り口に辿り着き、ドアをノックする。

内側からそれは開けられ、化粧をして女装したままの少年が真知子さんを招き入れた。

「……さっきのは何?」

「そこのそれだよ」

セメント塗りの三和土《たたき》を見ると、スベリヒユの株の塊が散乱していた。

「馬鹿言わないで、歩いていたわよ」

「それは、僕の義母なんだけど」

意味が分からなかった。

「……お義母さんって、亡くなったんじゃ？」

「……父との再婚後に、間を置かず僕を猛烈に溺愛してしまって、父をほっぽって纏わり付いて離れなかった。僕が放っておいてくれと言っても聞かない」

「……」

「激怒した父からも責められて、悩んで自殺してしまった。そして……死んでからも」

少年は床のスベリヒユを蹴った。

「リュウークーン」というような、引き延ばした呼び声がした。

真知子さんは跳びすさった。

「何これ？」

「だから、義母の妄念のなれの果てだよ。……こっちに来て」

入り口の部分は二重ドアになっていた。またドアを潜る。

室内に柱はなく、ほぼワンルームなのだが、天井近くにワイヤーが張られ、枯れかけたスベリヒユの株が、四角形に括られて配置され、そこから垂れ下がっていた。

その四角は、簡易ベッドの辺りから室内の三分の二くらいを区切るように配置され、残りの三分の一には、何故か工事用の大きなコンテナバッグが三つ置かれていた。

明かりは薄暗く、壁には薄気味の悪い植物の影が投影されて、異様な雰囲気である。

「何で、家の中にまでスベリヒユを……」

「……説明しますよ」

ベッドの脇に古そうな革張りのソファがあり、

「そこに座っていて下さい」と少年が言う。

言われた通りにしていると、

「スベリヒユには面白いことに、昔から魔除けの効能があるんですよ。伝承は様々なんですが、農家の宿敵でとにかく枯れない。葉っぱ一枚からでも根を出して蔓延《はびこ》るという、多分生命力の象徴なんですよね」

「……」

「ここに来たのは、一にも二にもスベリヒユが無限に手に入るから。そしてほぼ四方に蔓延っていて、まるで要塞だ」

「……いや、だからそれは何で？」

「すぐに分かります。……例えばこれは福岡君です」

少年はコンテナバックの一つを指差した。

「福岡君？」

「……僕の通っていた中学校の同級生です。……いや、死体が入っている訳じゃないです。覗いてみて下さい」

恐る恐る覗くと、スベリヒユの株がぎっしりと入っているだけだった。

が、その隙間から視線を感じる。

中に誰か……いる。

「……やっぱり、真知子さんにも見えてますよね？」

「見えているって……」

「彼は幽霊ですよ」

……そんな馬鹿な。

「僕のことが好きだと告白してきて、思わず、変態、気持ち悪い、死んでしまえって言ったら、本当にすぐに自殺してしまって、以来ストーカー幽霊になってしまった可哀相な奴です」

その言葉に反応したかのように、袋の中から不意に詰め襟を着た中学生が立ち上がった。

真知子さんは悲鳴を上げ、気絶するんじゃないかと思った。

しかし、一向に気が遠くならない。目の前の光景から目が離せなかった。

女装した少年は、その福岡君のほうに向かって当てつけるように科《しな》を作った。

福岡君は反応したが、明らかに顔を顰《しか》め不満そうに呻《うめ》いていた。

これは……弘晃と同じような感じだと思った。

「僕が女装するのが厭みたいで、女性物の下着で寝ていると身体を触ってこなくなったんですよ。それに、ここまで念入りに化粧をすると、最初はなかなか僕だと認識できないみたいです」

真知子さんは恐怖を通り越して、意識が醒めてきていた。

こんなにありありとそこにいるのに、あれが幽霊？

そう思っているうちに、福岡君の学生服の腹が膨らんできた。そして、ボタンが弾け飛ぶ勢いで、スベリヒユの株が流れ出し、上半身が崩れて、また袋の中に沈んでいった。

「……スベリヒユでここは自然の結界の状態になっているんですが、確かに嫌うみたいで、彼らはなかなか入ってこなかった。何で嫌うのかといろいろ考えたんですが、分化全能性と言ってスベリヒユは全体が成長点みたいなもので、どこにでも生える。……ならば、幽霊にだって取り憑くんじゃないかと思ったんです。彼らはそれを恐れているのではないか……。そして、ここまでやってきた幽霊は皆例外なくやられている。下手をしたら、ひょっとして幽霊の天敵なのかもしれない」

「そんなことって……」

「こっちを見て下さい」

二つ目の袋の中を掻き回すと、袋の上に半ズボンを履いた小学生の高学年くらいの男児が現れた。が、その頭部にはスベリヒユが繁茂し、手足は枯れ木みたいに痩せ細っていた。

「白石君です。小学校の同級生。……この子は僕のほうからちょっかいを出したきらいがあって、少し心が痛むのですが、手酷く振ったら海に飛び込んでしまいました。早く消滅して、成仏してもらいたいです」

そのスベリヒユの頭部を持った子供は、何か小さく呟いていた。

少年のほうを向いて、

「オネエサンハ、ダレ？」と、繰り返している。

「……消滅？」

「……明らかに侵食されているでしょう？　こっちの袋を見て下さい」

袋の中にはやはりスベリヒユがぎっしり詰まっていたが、福岡君のような強い気配はなかった。

だが、株の一部が……僅かに動いている。

「義母の弟です。……僕を手籠《てご》めにしようとして、金属バットで頭を割ってやったら、家に帰って首を括りました。何の同情も湧かないですね。動かなくなったら燃やします」

「こ……この方法で完全に消滅した幽霊っているの？」

「ええ、勿論《もちろん》」

「何人……？」

少年は少女の表情で艶然と微笑んだ。

「それは、御想像にお任せします」

五分ほどすると、小学生の幽霊は姿を消していた。

「段々と、出現時間も短くなっているようなので、僕を悩ましてきた連中の消滅も時間の問題なのですが……」

げんなりとした真知子さんは、俯いてソファに身を沈めていた。

何という……奴だ。こいつは……。

少年は新しい袋を持ってきて、三和土に散乱していた義母だというスベリヒユの株をその中に入れると、吊していた株をその中に入れて足した。

「これで良し」

と、手を払う。

「あなたは……これから、どうするの？」

真知子さんがそう訊くと、

「こいつらの始末が付いたら……ここから出られて謂《い》わば社会復帰ができる訳ですが……そうですねえ。実母がフランスに移住していて、こちらに来ないかと誘われているんですが、それもいいかな、と」

「……お父さんは？」

「いろいろ僕には懲り懲りしているんじゃないかな？　もう、迷惑は掛けたくないし」

と言って力なく笑った。

九月になり、不意に少年は姿を消した。

真知子さんの家族は一斉に喪失症候群に陥り、ひたすらぼんやりとしていた。

弘晃は特に酷く、学校も休んで引き籠もっていた。

まあ……強烈な失恋のようなものだから、仕方ないと思っていたが、暫くしてパソコンに少年からメールが届き、フランスで暮らすことにしたと書いてあった。

写真が添付されており、印刷して弘晃に見せた。

南フランスのどこか。広い庭らしい屋外で、金髪の少女に女装した少年が楽しそうにサラダを作っている。

「何でフランスまで行って、女装しているんだこいつは？」

「元気出た？」

メールの文面には、こちらではサラダにポーチュラカ（スベリヒユ）を使います。とても美味しい、そちらでも食べればよかった、と書いてあった。

そして、メールの最後には、

――ちなみに、ポーチュラカの花言葉は「無邪気」なんだそうです、とあった。

# ゴブリン対策

綾乃さんがナースになってから初めて配属された部署は、認知症の治療病棟だった。

しかし、治療病棟とは言っても実際には入院してくる患者さんは高齢化が著しく、そのまま終末期の看取《みと》りまですることになる。

その中で最初の担当患者さんだった三島さんという、お婆ちゃんがいた。

九十歳半ばで、ほとんど寝たきり、認知症が進行して話しかけてもあまり反応がない。

時々不機嫌になって大声を上げたりすることがあるが、そんなときは家から持ち込んでいた、毛羽立ってボロボロのテディベアを抱かせてあげると、妙に落ち着くのだった。

意味のある発語もほぼ皆無なのだが、綾乃さんが何か処置をしているとき、時々、

「ごぶぅりんたーさく」とか、

「ぐぶりーんたいさく」と、多分同じことを言っているような言葉が出た。

「何て仰いました？」と訊くと、その返事はなく、テディベアを抱いてニコニコしている。

これの意味は何なのか、いろいろ考えてみたが、やはり「ゴブリン対策」と言っているよう

にしか思えなかった。

日本語に他に似たような音のものはなさそうだったからだが、しかし、

「ゴブリン……って」

異世界転生もののアニメとかに出てくる、あの人を襲う小鬼みたいな奴のことだろうか？

元々は、ヨーロッパの民間伝承に出てくる邪悪な妖精だったはずだ。

こんな高齢の人が、そんなものに言及するとは思えず、多分綾乃さんの知らない漢語か何かにそんな言葉があるのだろうと思っていた。


その三島さんも亡くなり、キャリアも四年を過ぎた頃、綾乃さんは結婚することになった。

相手は高校の頃の同級生で、家族とも馴染みであった。特に反対もなく、円満かつ順調に準備も進んで式も間近になった。

そんな頃に、綾乃さんの母親が茶の間で、

「いつか、あなたがお嫁入りするときに話そうと思っていた不思議な話があるんだけど」と、普段にないことを言い出した。

「あれか……」と、父親のほうも神妙な顔で頷いている。

「不思議って、どんなふうに不思議なの？」

「それがねえ……」

と、語りだしたのは、綾乃さんの母が当時の父の実家に嫁入りしてきた初日の夜のこと。

「まあ、実際にはその前に一年くらい同棲していたんだけど……」と、咳払いをして、

「今はこの家を建てたけど、当時暫くの間、私から見た、お義父さんとお義母さんと同居することになったのね。形としては、ちゃんとしたお嫁入りな訳よ」

「はあ……」

やけに「お嫁入り」を強調するなあと思って聞いていると、

「知っているでしょうけど、そのお父さんの実家は農家の名残があって、前庭が広いのよ。お祖父ちゃんが購入した物で、代々住んでいたという訳ではないのね。元々は九州から移住してきたの」

「ええ」

「で、そのお嫁入りの夜に何げなく、二階から前庭を見たのよ。そしたら、庭に黄金色の帆掛け船があるじゃないの」

「帆掛け船？　庭に帆掛け船が入ってきたってこと？」

「吃驚したの何の」

それはそうだろうが、しかし、船が何で？

「慌ててお父さんを呼んだんだけど」

「それが……確かに帆掛け船が庭にあったんだ。それで、走って庭に行ってみたんだが……行ってみると何もないんだよ」

「つまり……二階からしか見えないっていうこと？」

「そうなんだ。で、俺達が騒いでいるものだから親父が来て、やっぱりちゃんと見えたようなんだが、『ううむ』と唸って暫く立ち尽くしていたと思ったら」

「思ったら？」

「急に酒と料理を用意しろと、十一時近かったのに言い出した」

訳が分からなかったが、あまりの剣幕に鮨屋から特上の寿司を取ったり、いい日本酒を買いに走らされたりの大騒ぎになった。

居間に無人の酒宴の場が設けられ、座布団だけが十席くらい並び、いつの間にか紋付き袴姿に着替えた義父が末席で平伏して口上を述べだした。

「本日は私らのような者の為にお手を煩わせていただき、感に堪えません」と言うようなこと

を切々と言い、若夫婦もちゃんと挨拶しろと促し、仕方なく、

「結婚式で言ったようなことを、また言ったんだ」

「茶碗に酒を酌《く》んで回って、それもずらりと並べたのよね」

綾乃さんはここまで聞いても、さっぱり何が起きていたのか分からなかったので、

「結局、何がどうなっているの？」と、訊いた。

両親は顔を見合わせて、

「実はうちの元々の出身地である九州の地方では、嫁を迎えた家の前に『入り船』と言って、村の青年達が一晩で米俵とか酒樽を使って、帆掛け船を作る風習があったんだ。……物凄い縁起物だよな」

「舳先《へさき》を家の座敷に向けておくそうだけど、外側は藁《わら》で覆って、本当にそれらしく作ったらしいわ。それで、翌日に片付けてもらう際に宴を開いて御祝儀を渡すのが本来だけど……」

船も朝には消えてしまうだろうし、見えない善意の何者かに礼を述べるには、今晩しかないだろうと父の父は思ったらしい。

確かに、夜明け前に船は消えてしまったとのこと。

「船を造った人達って……」

「御先祖様達だろうって……いうことになったのよね」

随分印象的な話だったので、綾乃さんは自身の嫁入りの初日が楽しみになってきた。

結婚後は、相手先の家に住むことになっている。新築の二世代住宅で、二階が用意された新居だった。

お誂《あつら》え向きに、家の前は児童公園になっていて、船が出現するならあの辺りだろうと見当が付いた。窓の向きも角度も良い。

意気揚々と、新婚旅行から戻ってきた新居生活一日目の夜。

「出るなら、そろそろ出てくれないとお鮨屋さんが閉まっちゃうわよね」と、ソワソワしていると、夫は苦笑して、

「酒もたっぷり用意しているから、いつでもどうぞ」

事情は旅行中に話していた。茶化さずに、ちゃんと聞いてくれてはいた。が、無理もないのだが、本心ではどうも信じてくれてはいないようだった。

そして、十一時前。

窓から固唾を呑んで見ていると、児童公園の中央に立つ街灯の明かりを背にするように、黄

金色の帆掛け船が忽然《こつぜん》と姿を現した。

「出た！」

綾乃さんは、思わず歓声を上げた。

「何てこった！」横にいた夫が頭を抱えた。

「信じられない！　世界観が狂った！」

それは、遠目には完全に船に見えた。正に新しい人生の船出に相応しい最高の祝儀だ。

綾乃さんは、その威容にうっとりと見惚れてしまった。

「す、寿司は何人前頼めば……？」

動揺して携帯を取り落としそうになりながら、夫が訊ねた。

十人前……と答えかけてから、綾乃さんは船の異変に気づいた。

何か黒くて小さな影が、わらわらと船の両舷から這い上がっている。

「何？　あれ？」

目を凝らすと、真っ黒な人の形をしたものに見えた。

「小鬼……に見えるな」

「小鬼？」

それは、船の外側にむしゃぶりついて、束ねてある藁を剥ぎ取っていた。船を破壊しているのだ。

「え、縁起でもない！　やめさせて！」

「どうやってだよ？」

思わぬ事態に綾乃さんは立ち尽くした。船が出現した時点で何もかもが異常なのだが、あんな小鬼まで現れるとは……。異常な上に、超自然この上ない。

しかも、このままでは自身の結婚生活の破綻を暗示されてしまいそうで、それが何よりも怖ろしかった。

「もう、何なのよ、あの小鬼は！」

そう自分で言ってから、ようやく気が付いた。……小鬼って？　西洋では？

ゴブ……。

「――ゴブリン対策！」

あの言葉は、やっぱり、ゴブリン対策だったんだ。三島さんはこれを見通していたのか？

しかし、ゴブリンって？　対策って？

……何だっけ？　何か忘れている。

あのとき三島さんは、何をしていた？

「あっ！」

「どうした？」

「この家に、テディベアはある？」

「……いや、ないよ」

「縫いぐるみは？」

「ＵＦＯキャッチャーで昔集めていた奴が……確か……どこかに」

「早く探して！」

部屋中の戸棚を開け、新居になったが為に荷造りしていて、まだ開けていない段ボール箱を幾つも引っ繰り返して探すと、縫いぐるみの詰まったそれが出てきた。

そのまま箱ごと抱えて外に走り、手を突っ込んで一体取り出し、船のあるはずの辺りを避けて力一杯放り投げた。

「小鬼が、縫いぐるみのほうへ群れていくぞ！」

家の二階から夫が叫んでいた。

「みんな集まって、そのまま消えちまった！」

「帆掛け船は？」

「それは、まだ見える」

綾乃さんはほっとしながらも、指に残るゴワゴワした感触に気を取られていた。

自分が今投げたのは、襤褸《ぼろ》のようになった小さなクマだったような……。

そして、家族以外無人の宴が催され、無事に明け方帆掛け船は姿を消したのだそうだ。

# 蝉と蛇とカレーライス

秋坂さんは営業一筋で、夜は接待案件をこなすことが多かった。

吟味した店のローテーションが大体決まって、コツが身に付いてきたとはいえ、内々の商談が難航することも多い。

その日は随分と遅くまで取引先に付き合わされて飲み疲れていたが、帰路に就く前に酷く空腹を覚えた。

何か食べていると終電に間に合わないが、もうタクシーで帰ろうと決めて、繁華街の看板を見渡した。しかし、周辺の飯屋は大体オーダーストップの時間を過ぎているようだった。

そうだ。この先に台湾料理屋があったな……。

そこは確か、午前三時くらいまでやっているはずで、中華料理屋の癖に何故か「締め」のカレーライスで有名な店だった。

中華のほうも味は良い。一度魯肉飯《ローバープン》を食べたが、八角が効いてシナモンとパプリカの香りが脇を固めるなかなかの味だった。

目立たない古ぼけたビルの飲食店街になっている入り口を見ると、完全にあちらの造りの大きな電光看板が手前に見えた。

営業中の札を確認して中に入る。

店内の雰囲気も完全にあちらっぽいが、什器や壁、天井も相当古びていて、全体的にどんよりと暗い。

小洒落《こじゃれ》た感じは一切なかった。

客も明らかにオタクっぽい太った眼鏡の学生が一人、二人席でカレーを頬ばっているのみだった。

ガラガラだったので、秋坂さんは四人用のテーブルに陣取った。

「いらっしゃい」

ごちゃごちゃと置かれた飾りの民具と皿と丼の奥から、全く顔を覗かせず店員の声がした。

「今日は、カレーしかできないよ」

「え？」

ニヤニヤしながら酢豚の定食に餃子を付けるかと思考していた頭を、ガツンとやられた感じだった。

ここのカレーのことは知っていた。以前来たときに目撃していたが、学生とかサラリーマンの何かの罰ゲームに使用されるくらい「辛い」のだ。

激辛マニアが結構集まっているという話だったので、カレーのほうの水揚げが増して、とうとうそれに特化したのかと思った。

……目の前にある、カレー専用のメニュー表を見る。ラミネートされたそれには、一辛から三十辛までのグレードが書いてあり、「二十一から三十辛は、二十辛を完食された方しか注文できません」と但し書きがあった。

ということは、あのとき苦悶していたサラリーマンの数人組は初めて来店した様子だったから、そのカレーは、最高でも二十辛くらいだったことになる。

しかもギブアップしていたが……。

秋坂さんは注文するかどうか悩んだ。だが、とにかく火の点いた腹の虫が治まらない。

この際、もうカレーでいいや、と思いメニューをまた睨んだが、三十段階もあって、幾ら何でも一桁というのはいい大人が情けない気がする。

しかし、甘く見てはいけないとも思い、間を取って十辛とビールを注文した。

元々、カレーは辛口が好きなほうだ。これくらいならいけるだろうと思った。

そのとき、二人席でもそもそとカレーを食べていた眼鏡の男が、ふんと鼻で笑った気がした。

……何だあのデブ。一体、貴様は何辛を食っているんだ。

「はい、お先にビールね」

日本人にも台湾人にもインド人にも見える背の高い店員がそそくさと、グラスとそれを運んできた。

そして、厨房への帰りに、あの眼鏡の男に声を掛けた。

「どう？　二十六辛は？」

男は水を一口飲んで、

「二十五辛と、全然違いますね」と、答えた。声が嗄《か》れている。

「うちのカレーは、指数関数的に辛さが増すからね」

店員は、そう言って奥へと消えていった。

……指数関数的？　すると、複利計算みたいなもので、三十段階もあったら雪だるま式に、とんでもない辛さになるのではないのか？

眼鏡の男は何かの限界が来たのか、先ほど鼻で笑っていたときの様子ではなくなり、急激にスプーンで口に運ぶペースが落ちてきた。

脂汗が額から凄い勢いで流れている。

先ほどの悪感情は消え失せ、「頑張れ」と秋坂さんは心の中で思った。

「はい、十辛。お待たせ」

店員が素早い手つきで、ステンレスの楕円皿に盛られたカレーを目の前に置いていった。

食欲を刺激するスパイスの芳香が立ち上り、涎が湧き上がった。

ビールで口を濯《すす》ぎ、ルーを絡めて一口頬ばる。

美味い。

具材はトロトロで、ライスとの絡みも抜群だ。またこの黄色い福神漬けが甘辛くて……。

カレーを二口ほど飲み込んだところで、突然舌の上が燃え上がった。

「か、辛い！」

何だこの口腔《こうこう》に纏わり付くような粘っこい辛さは？

堪らずビールを飲んだが、火消しにならない。

ビールの味は全くせず、まるでぬるま湯を飲んでいるみたいだった。

秋坂さんは愕然とした。

……甘く見ていた。十辛でこのレベルとは。

二十六辛の男は、暫く動かなかったが、じわりと腕が動いてスプーンを皿に運んでいく。あと数口で完食だった。

それを見ていると、先にギブアップはできないと思った。救いは食欲だけは全く衰えていないことだ。

秋坂さんは気力を振り絞って、スプーンでカレーをたぐり寄せ、震える手で口に運んだ。


数十分後、残り数口を残して秋坂さんも限界に達していた。

上着を脱ぎ、ネクタイも外している。シャツは汗でビショビショで、幾らお絞りを使っても額から汗の粒が滴り落ちてくる。

店員が、何杯目かのお冷やを持ってきた。

「まだ閉店まで時間があるから、心ゆくまで頑張るよ」

そう言って、さっさとまた奥へ引っ込んだ。

一体、何をどうやったらこんなに辛くなるんだと訊こうと思ったが、その隙を見せない。

皆、同じことを言うだろうから、あんな接客なのだろう。

二十六辛の男は、完食して既に帰っていた。

帰り際に絡んだ視線には、よく分からない連帯感が生まれていたが、確かにこれはお互いが共感できる強烈な試練である。

十分ぶりくらいに口に運んだカレーで悶絶していると、入り口の自動ドアが開いて、ダークスーツを来た体格の良い男が入ってきた。

右耳に、イヤホンタイプのヘッドセットを装着している。

……秋坂さんは知っていた。

その筋の人間で、一番上のほうの親衛隊がこういう感じなのだ。近代装備で固めたプロである。

目線を合わせないようにしていると、男に続いて痩せて小柄な老女が入ってきた。

自分で歩いてはいるが、衰えは隠せず微妙なふらつきが見えた。多分、九十歳には達しているのではないか……。しかし、銀髪を綺麗に纏めていて、内から滲み出るような品格があった。

斜めに箔の入った濃紺の留め袖を着付けており、それは正絹の高級品でその財力が何となしに分かった。

老女が背筋を伸ばして店の中を眺め回していると、

「いらっしゃいませぇ！」

気づいた店員が、慌てて飛び出てきた。

老女は、

「ああ、またあれを」とだけ言い、傍にいたイヤホンの男にカウンターのスツールに座りたいと耳打ちした。

「テーブル席のほうがよろしいのでは？」

「それだと雰囲気が出ないというか、私はずっと若い頃からカレーはカウンターで食べるって決めてるんだよ」

「左様で」

男はビールケースを勝手に持ってくると、手伝って老女を上らせカウンター席に座らせた。

自分も一席空けて、スツールに陣取る。

「お待たせしましたぁ」と、店員が現れ、カレーとお冷やを老女の前に置いた。

「六十辛でございます」

……秋坂さんは耳を疑った。メニューには、三十辛までしかなかったはずだ。

もしやと思って、ラミネートされたそれを裏返すと、そこには「裏カレー」とあり、三十一辛から六十辛までのグレードが表側のメニューと同じように書かれてあった。

「……しかし、幾ら何でも」

ここの殺人的な辛さの、しかも六十辛のカレーを、あんな老人に食べさせたら、文字通り死んでしまうのではないだろうか？

固唾を呑んで見守っていると、老女は一口頬ばって「うんうん」と頷くと、間を置かずに次々とスプーンを口に運んでいく。

ひょっとして、六十辛まで行くと一巡して甘味に変化するんじゃないかと思えるほどの勢いだった。

そのとき、老女の動かしている右手の袂から、何かがコロリと落ちた気がした。

床の上に転がっているのは……どう見ても蝉の抜け殻である。

え？　どこから出てきたんだ？　何でこんなものが？

と、思っていると、また落ちてきた。

次々と茶色いそれが床の上で増え、カレーを早々に完食した老女が、お冷やをイッキ飲みしたとき。

座っているスツールの裏側から、何かがスルスルと床に伸びて、最後にそれがポトリと落ちた。

蛇の抜け殻だった。なかなか見られない綺麗な蛇皮で、

「……アオダイショウだな。あの大きさは」と、思えた。

しかし、一瞬後には、あれは一体どこから出てきたのかという謎が浮かび、頭が疑問符で満杯になった。

「ああ、美味しかった。またこれで寿命が延びたよ」

そう言うと、老女は来たときの様子が嘘だったかのように機敏にスツールを下り、

「またね」と、言い残して颯爽《さっそう》と帰っていった。

イヤホンの男は支払いをして、その後を追った。

「毎度ありがとうございまーす」

店員がヘコヘコして見送る。

そして、秋坂さんのところに来ると、

「○○会の会長の御母堂さんね。いつも惚れ惚れする食べっぷりだよ」と言い、床に転がっていた蝉の抜け殻と蛇皮を回収しだした。

「……それって」

「蛇退皮《じゃたいひ》も蝉蛻《せんぜい》も漢方で使うよ。まあ、これは特別だけどね」と言って、片眼を瞑《つむ》って見せた。

そのときはピンと来なかったが、何とか完食し店を出て数歩歩いたとき、

「あっ！　まさか、あのカレー！」

と、秋坂さんは絶叫し、振り返って息を切らした。

# 殴打のテオリア

琉夏《るか》さんは、明るい性格で子供時代から人気者だった。

中学校時代にも、友人が沢山いた。

切っ掛けなど忘れてしまったが、何時しかそれが苛《いじ》めグループに変貌してしまった。

しかし、それはそれで面白かったので、つい自分にとってどうでもいいような子には、辛く当たって周囲を盛り上がらせるように仕向けていた。

その頃の標的は三人くらいいたはずだが、顔も名前も憶えていない。

高校にはすんなり進学できたが、グループはバラバラになった。それはそれで構わなかったし、暫くは地味に過ごした。

二年生になった頃、街でたむろしていた同年代の男子のグループと知り合った。皆中卒で、建築業とか大工の親方に付いているという。

ただ、夜には集団でバイクで遊ぶ。面白いぞと言うので、示し合わせて後席に乗せてもらってみた。

狂ったようなスピードに少しは酔えたが、男の子達の中に序列があり、それが仕事関係から派生していて、結局は社会に縛られているんだなと思うと醒めてしまい、グループを抜けた。抜ける際に、何故かしつこく慰留して、周囲から庇ってくれた少年がいたが、いらぬお世話だと言ったら、ぶん殴られた。

唇が切れて血の味が口に広がったとき、ようやく自分は生きているような気がした。

中学時代から得意だった平手打ちで仕返しをして、もう二、三発殴られたが、愉快な気分でその場を去った。

「こいつ、おかしいんじゃないか？」とか「マゾかよ」などという会話が聞こえた。

確かにそんな気がした。

高校を卒業して四年ほど飲食業関係で働いたが、結局周囲とうまくいかずに辞めてしまった。

バイトで食いつないでいるときに男ができて、一緒に住むことになった。

波消しブロックを型枠から作っているとかで、真面目な勤め人だった。

そのときのバイトは、初めての水商売で、うらぶれた場末のスナックだった。

酒の勢いでいきなりホテルに行ってしまったが、楽しかったのでまあ仕方ないと思った。

やさしい人物で、琉夏さんを大事にしてくれる。

ただ、ブロックの製作は設置する海岸のある現地で行うことが多く、暫く帰ってこないことが多かった。

段々とつまらなくなって、書き置きをしてそこを出た。

バイト先を変えて行方をくらましたが、そうすると知り合いが周囲から全くいなくなり、非常にすっきりとした気分になった。

ある日の夜、新しく勤め始めたスナックに一人で入ってきた男がいた。

目つきの鋭い、頬の痩《こ》けた面長の男で、以前見た暴走族の一番上辺りにいる人物に似ていた。

男はウイスキーの水割りを注文し、ママを呼んで何か話していた。

みかじめの要求などではなさそうだった。こういう店では、一応の経営者がいても実体はヤクザ組織が運営していたりすることがある。

ここは、そういう店なのかなと思いながら煙草を吸っていると、

「新しく入った子よ」と、ママが手で招いた。

「ルナちゃん。こちら新藤さん」

「ルナです。よろしくお願いします」

名前は少し変えていた。

男はじっと琉夏さんを値踏みするように見て、

「風俗、やってみる気になったら連絡して」と、ぼそりと言って名刺を手渡してきた。

「風俗関係なんですか？」と、押し頂いて愛想良く笑う。

誰が行くか、ボケ、と思っていると、

「デリヘル。まあ、金に困ったら、だけどな。けれど、借金の辛さを考えたら、それよりも何倍もマシだってみんな言っているな」

そんな訳があるか、カス。

「このビルの一番上にある闇金には行くんじゃねえぞ。田村の強突く張りに、ケツの毛まで毟られちまわあ」

ママがホホホと笑って、

「すみません。同じ店子《たなこ》のことはあんまり」

「ふん」

男は水割りを飲み干して、そのまま引き揚げていった。

翌日の夜、噂に出ていた田村という人物が来店した。

琉夏さんの頭の中では、すっかりデブっちょの因業ジジイのイメージができあがっていたのだが、全く違って三十歳過ぎぐらいの優男だった。

どこかのホストだと言っても通じそうな感じだ。

ただ、昨日来た新藤という男と同じような鋭く昏《くら》い目つきをしていた。

田村はソファ席のほうへ座って、水割りを注文した。

琉夏さんは、そのセットを持っていき、

「ルナです」と、挨拶をした。

そして、水割りを作って、グラスを田村の前に差し出した。すると、

「うん、君、所作が綺麗だね」と、言う。

「ありがとうございます」

お世辞だろうと思っていると、

「アルバイト？」と言って、カウンターの中のママのほうを見た。

「ええ。磨けば光ります？」と、ママ。

「かもよ。今、人手不足だから、どこも常勤が欲しいらしいね。〇〇町のほうで、新しくラウ

ンジができるんだけど、キャストが不足しているから、今大募集中らしい」

そういう場所は、それなりの会話術があって、経済とかスポーツとか客が関心のありそうな話題に付いていかないといけないことは知っていた。

「結構ラウンジに向いているかもしれないな。話をしてみたくなる感じがあるよ」

「でも、それって、いきなりは無理でしょう？」

「まあ、確かに今すぐは無理なんだけどね。けど、その気になってこの界隈で頑張って要領を学べば、何とかなるんじゃない？　店は開いたり潰れたりするから、機を見ていい店に入れるように広い人脈を作らないとね」

人脈……。そういうのが嫌で、ようやくすっきりしたのに。

「例えばさあ、ああいう所の客はよくこう言うはずなんだ。『何か面白い話はない？』って」

試されているな、とは思ったが、今は営業の真っ最中なので何もないとは言えない。

「どんな話がいいですか？」

「うーんと、そうだなあ。……『怖い話』なんてどうかな？」

「怖い話……？」

記憶を巡らす。

暴走族の連中がよく心霊スポットに行っていて、幾つかその手の話を聞いていたが、それは大して面白いものではなかった。

「……あ、そうだ。うちは３ＤＫの安アパートだったんですけど、中学校に上がる前に変なおじさんが隣に越してきたんですよ」

「うん」

「一応仕事は持っているらしくて……警備員だったかな。それで、二十四時間勤務か何かでいつも朝帰りなんです。そしたら、家に入るなり何かを殴る音がするんですよね」

「殴る？」

眉根を寄せて、田村が反応したのが分かった。

……食い付いた？

「ドスドスっていう重い音で、まさか相手が人じゃないだろうし、サンドバッグみたいな何かかなと思っていたんですけど、時々、パーンという平手打ちみたいな音が混じるんですよね」

「自分の女でも殴っているんじゃないのか？」

「一人住まいのはずだし、夜は部屋は真っ暗でやはり誰もいないはずなんです。それに争う声とか、悲鳴とかは一切聞こえないんです」

「猿轡《さるぐつわ》でもしていたとか……」

「一頻《ひとしき》りその音がすると、急に静かになるんですよね。寝ていたんだろうと思います」

「……」

「ところがそのおじさん、いつものようにその音を立てていて、いつものように静かになったんだけど、そのまま死んじゃったらしいんですよね。警察と家主が来て部屋を開けたんだけど、何にもなかった。サンドバッグもないし、他に誰もいない。本人の死体の他は、不審な物は何もなかったんです」

田村は水割りのグラスを持ったまま何か考えていたが、

「なかなか気味が悪かったけど、そのおじさんは一体何を殴っていたのかな？」

「分からないんですよ」

「君は何だと思うんだ？」

「多分、思いっきり暴力を振るっても構わない何かですかね」

「……何かって？」

「うーん、例えば既に死んでいる人間？　……幽霊とか？」

それから、田村はどういう訳か琉夏さんを気に入ったようで、ほとんど毎日顔を見せるようになった。

新規客よりは気が楽で、金払いもいいので琉夏さんも店側も歓迎していた。

そのうち、アフターに何度か連れ出され、やがて田村のマンションに泊まるようになった。

しかし、何度か泊まった後、本宅は別にあって妻がいるのだと、何食わぬ顔でそう言われた。

どうせ、そんなことだろうと思っていたので、琉夏さんは驚かなかった。

だが、このマンションは投資物件だし、普段は使わないので住んでいていい、と言われて、それはちゃっかりと嬉しかった。

今の、洗濯機が共用ベランダにあるようなボロアパートには、辟易《へきえき》していた。

今までの人生、住まいはずっとそういう古びたアパートばかりだったのだ。

快適な新築のマンションでの寝食は楽しかった。

2LDKだが必要にして十分だ。

これが愛人生活というものかと思い、家賃もいらないしバイトに精を出して今のうちに稼いでおこうと考えた。

スナックのバイトをフルタイムにしてもらったが、午前三時くらいまで営業しているので、なかなか疲れる。

昼間も弁当屋のバイトをしていたのだが、実入りから考えてそれは辞めることにした。

ある日、暗くなりかけの時間帯にスナックへ向かっていると、アロハシャツ姿の新藤が前を歩いているのに気づいた。

脇に赤いワンピースの女がいて、連れのようだが、ワンピースがえらくラフなデザインなのに、提げているバッグは黒クロコのセレモニーバッグっぽく、どうも少しチグハグさを感じた。

しかし、他人のシュミなどどうでもいいので、自嘲してさっさとビルのエレベーターに乗った。

営業中、携帯に着信があって、

「今夜行く」とだけ、田村の声がして切れた。

午前二時で切り上げ閉店になったので、片付けをしてタクシー乗り場へ向かっていると、ビルの一階の柱の影に出勤時に見かけた赤いワンピースの女が立っていた。

どこか宙を見ているような、焦点の合わない目つきで、服の色と合わせたような赤い唇を半開きにしている。

その顔つきを見ただけで、何だか琉夏さんは激しく苛ついた。

中学校時代に、苛めの対象にした奴らと同じようなものを感じた。
その夢でも見ているような目の色をやめろ。お前は、デリヘル嬢なんだろうが。
ガンを飛ばすと、その女はそれを察知したらしくこちらを見た。
怯えるでもなく、何だかよく分からない反応だ。
「クスリでもやってんのか」と思い、もう無視してタクシーを拾った。
マンションに着いて、エントランスで振り返るとあの女が外に立っていた。
慌ててオートロックを解錠して中に入る。
尾行してきたのか？　しかし、そんな暇はなかったはずだ。
早足でエレベーターに乗り、自分の部屋のドアを開けた。
照明を入れると、玄関口にあの女が立っていた。
「何だ、お前は！」
琉夏さんは頭の中が真っ白になって、その女の左頬を思いっきり殴打した。
確かな手応えがあり、女はぐらついたが、表情に変化はなく、また佇立《ちょりつ》した。
「……」
それは、あり得ない。

それに、何だか服の輪郭がモヤモヤとしている。

床に落ちたセレモニーバッグが、ゴキブリの死骸のようにばらけて分解していた。

琉夏さんは近づいて、微動だにしない女の、服を触ってみた。

……手の中で溶けるようにして、それははらはらと消えていった。

「まさか……」

女の胸の辺りに手を当ててみた。

すると指の先から、ずぶりと女の中に手が入っていく。感触はまるで液体だった。

「何なのよ、あんた！」

だが、女は何も答えなかった。


三時を過ぎて、鍵が開けられ田村がやってきた。

玄関口に突っ立っている女を見て、ぎょっとして転びそうになっている。

「何事だ、これは？」

女の衣類は時間が経つにつれ蒸発しているようで、今は辛うじて下着だけが残っていた。

「ふーん、あんたにも見えるんだ。良かった。あたしのアタマがおかしくなったんじゃなかった」

気付けに飲みだしたウイスキーが、かなり効いていた。ほとんど一壜《びん》空けてしまっている。

「だから、誰なんだ？　こいつは？」

「知らないわよ。付いてきたのよ。しかも、こいつって人間じゃないわよ」

「人間じゃない？」

「触って御覧なさい」

田村はそっと手を握ろうとしたが、その指はずぶずぶと女の中にめり込みかけた。

「……何てことだ」

慌てて手を引っ込める。

「これって、幽霊なんじゃない？　多分、いつか話した変なおじさんの家にいたのは、こいつか、こいつの同類よ」

「何だって？　でも、こんなにドロドロした身体じゃあ、殴れないだろう……」

「それが、殴れるのよ。見ていなさい」

琉夏さんがまた女の顔にパンチをくれると、バチンと派手な音がして女がぐらついた。

平手で打っても同じだった。固い感触があるのだ。

「あ痛たた……手が痛い」

田村は琉夏さんがいたダイニングの椅子に、倒れ込むようにして座り込んだ。

「……そうか、ダイラタンシー現象だ」

「何よそれ？」

ダイラタンシー現象とは、ある種の混合物が示す遅い力には液体のように振る舞い、素早い力に対してはあたかも固体のような性質を発揮する現象のことだ。身近な物では、片栗粉と水を一定割合で混合した液体は、手で握ると塊ができて固体のようだが、力を抜くと液体に戻る。

……そのようなことを田村は説明した。

なるほど。……ということは幽霊は……すべからく殴れるのか。

大発見じゃないか、と思って琉夏さんは大笑いした。

そして、何の役にも立たないことに気づいて、更に笑った。


女は下着も蒸発しきってしまい、完全に裸体になった。

「そのうちに、本体も消えちまうのかな？」

琉夏さんの横で飲みだした田村も、すっかりできあがっていた。

「それまで待ってられないわよ」

「朝になったら消えちまうんじゃないか？　幽霊なんだろ？」

「変なおじさんの家では、朝っぱらから出ていたはずなのよ」

二十代前半くらいの均整の取れた裸体を眺めていると、何だか無性に腹が立ってくる。

中身はドロドロの癖に、何でそんな良いプロポーションなんだ。

「ちょっと、あんた」と、無駄だろうと思いつつも声を掛けた。

「いつまでもそこにいられたら邪魔。あっちの部屋に行きなさい」

すると、急に女は動きだして言われた通りに、玄関脇の部屋へ歩いていった。

「……言うことを聞くぞ」

それはそれで、言葉が分かっているということで気持ちが悪い。

「できたら、奥のクローゼットにでも入っていて」

追加で指示を出したら、その通りにした。

暫く様子を見ていたが、出てくる気配はない。

その部屋のドアを閉めて、寝室に引き揚げる。眠気が限界に来ていたので、衣服を脱ぐと、二人で折り重なるようにして眠った。

琉夏さんが目覚めると、まだ田村は横にいたが、とっくに目を覚ましていたようで顔を反対側に向けて煙草を吸っていた。

琉夏さんが舌打ちをすると、仕方なさそうにのろのろと動いて玄関脇の部屋に向かった。

そして、すぐに帰ってくると、

「いるぞ。クローゼットの中」

「どうするのよ」

「どうするも何も、そもそもお前に取り憑いているんだろうが。迷惑なのは俺のほうだ」

「何で、そんなことになるのよ」

そう言えば、最初に見かけたのは、新藤と歩いていたところだったのを思い出した。

「新藤？　あのデリヘル屋か。女を搾取しまくって、いろいろトラブルを起こしているって聞いたぞ」

ならば、そのトラブルのどれかで死んだ女に祟られて、こちらはそのトバッチリという図式だろうか？

しかし、それが何で私に付いてきたのか？

「あの女に、新藤のところへ行けって言ったら行くんじゃないか？」

田村がそう言うので試してみたが、女はクローゼットの中でしゃがみ込んだまま反応しなかった。

「ここにいたいの？」と訊くと、瞳が動いて視線を合わせてきた。しかし、すぐにそれは逸らされた。

琉夏さんはイラッとした。

「ちょっと、あなた出てきなさいよ」

女は膝を立てて立ち上がり、正面を向いた。

また左頬、左右の眼窩《がんか》、鼻っ柱を殴った。鼻を殴ったときには、何かが潰れたような感触があった。

しかし、鼻血などは出ず、足で姿勢を調節し自動的に元の位置に戻るような動きをして、結局女は平然とそこに立っていた。

それがまた気に食わなくて琉夏さんは再び殴打を加えたが、殴り疲れて息が切れても女の様子には変化がなかった。

「やめろよ。無駄な感じだ」

確かに、こいつには殴打はできても、何もダメージがないのだとしか思えなかった。

「トランクにでも詰めて、どこかに捨ててくるか？　死体……じゃあないしな」

けれど、部外者が侵入できないマンションの、更に鍵の掛けられた部屋に現れたのだ。トランクの中から擦り抜けるのは目に見えていると思った。

結局、お手上げ状態になってしまった。

「取り敢えず、無視だ無視！　置物か何かだと思え！」

田村は、そう言い捨ててそのまま帰っていった。


スナックの仕事は休もうかと思ったが、ずっと部屋にいても女が気になって気が休まらない。

まさか素っ裸では付いてこないだろうからと、外へ出ることにした。

スナックのあるビルに向かっていると、向こうからノコノコと新藤が歩いてきた。

いきなり、ぶん殴ってやろうかと思ったが、

「あら、新藤さん、とんとお見限りですねえ」と、愛想笑いをしてすぐそこにあった喫茶店に誘った。

「え？　ルナちゃん、何で？　奢ってくれるのかな？」

狐に抓まれたような顔で、新藤は付いてきた。

一番奥まった一角に座ってコーヒーを注文し、

「ちょっと、お訊きしたいことがあるんですけど」

「え？　何？　デリヘルの取り分？」

「違います。……最近、身の回りで女の子が死んでいません？」

「……それが？」急に表情がヤクザっぽくなる。

「二十代前半の、髪をウルフレイヤーにした唇の厚ぼったい子」

「知り合いか何かで？」

「いたのかいなかったのかって訊いてるんです！」

大声を出し、テーブルも派手に叩いたので、店にいた客と店員が一斉にこちらを見た。

だが、新藤も琉夏さんも動じなかった。

新藤は溜め息をついて、ポケットから煙草を出すと、

「……いましたね。本名を言うといろいろまずいんですが、源氏名はエミリでした」

そう言って火を点けた。

「何で死んだの？」

「事故ですよ、事故。客が無茶な体位を要求して、それに応じていたらベッドから二人で転落

した。そして、巨漢の客の下敷きになって首の骨を折ったっていう、たまにある事故です」

「……本当に、事故なの？」

「警察の調べでも、そうなっていますね。……変な噂を流したら、訴えさせてもらいますぜ」

スナックの仕事には集中できなかった。

マンションに帰り、玄関口の電灯を点けると、闇の中に女の裸体が浮かびあがった。

「……あんたは本当に……馬鹿な死に方をして！」

平手を打とうとしたが、打てなかった。

小学生のとき以来、久しぶりに涙が溢れて止まらなかった。

翌日、また午前三時を過ぎて帰宅すると、ドアの手前にある換気用の小窓から明かりが漏れていた。

……田村が来ている？

中に入ると、玄関横の部屋で田村が〈エミリ〉の顔面に向けて、ステップを踏みながらジャブを放っていた。

「何やってるのよ」

「これでも、少しボクシングを嚙《かじ》ってたんだ。いい練習台じゃないか」

「やめなさいよ」

「あれだけ、こいつをぶん殴っていた君が言うかね」

息が切れたのか、田村は拳を下ろした。

「身元……というか、死んだ事情が分かったのよ。元は人間なんだから」

田村は首を傾げて、

「……何だか君らしくないな」

「そんなことないわよ」

「いや、全然らしくない。毒がない気がする」

「あなたは毒婦が好きそうだからね」

「それは否定しない。……家に帰ってから、こっちの毒婦がとても気になってね。来てみたんだ」

「……変なことしなかったでしょうね」

「内臓なんかなさそうだし、そんなことはしない」

あったらするのかこいつは……。

「取り敢えず、ダイラタンシーの具合を確かめに来てみた。いろいろ分かった。あ……今日は早朝でも帰っていないとまずいんだ。それじゃあね」

田村は、上着を持つと玄関から出て行った。

……逆に、田村の様子に琉夏さんは違和感を覚えた。

相変わらず突っ立っているだけの、エミリの表情をまじまじと見たが、何も反応はなく、何の言葉もなかった。

翌々日は休みだったので、午前中近所のスーパーへ行き、買い物をして帰ってくると田村が部屋にいた。

「お帰り」

どうも昼間から飲んでいる様子で、ワインの壜とグラスが見える。

「あの子は、ずっとクローゼット？」

「そうね」

「消えていく様子はないの？」

「全然」

「さっき、ちらりとジャージを履いた足が見えたんだけど」

「まあ、ずっと裸でいられると目の遣り場に困るでしょ」

「それってさあ、着せてあげるときにある程度言うことを聞いてもらわないと不可能だよね？」

「何が言いたいのよ」

「足を上げて、とか袖に手を通して、とか言ったろ？」

「……そりゃまあ」

「この間も君だけには従っていたからな。だから……君が痛がれって言ったら、あの子は痛がるのかな？」

「どういう意味よ？」

田村はジャケットの内ポケットに手を突っ込んで掻き回すと、

「ジャーン！」

その手には、大型のペンチが握られていた。

「何を考えているのよ？」

「彼女の中身はダイラタンシーを起こす何かの溶液だとして、表面部分がよく分からないのだけど、穴が空いてもそれはすぐに修復されてしまうようだ。しかし、例えば乳首をちぎり取ったら、それはどうなるんだろう？　そこから溶液が溢れだして止まらないのか、それとも乳首が再生するのか？　腕を切り落とすことも考えたんだけど、それは次回のお楽しみだ」

……狂っている。

「それと、ちぎり取る際に少しは苦痛を感じるのか、表情に変化はあるのか、可愛い声を上げるのか？　それらを考えていたら堪らなくなってね。さあ、やってみようか」

「やめなさいってば！」

ずんずん進んでいく田村を押し留めようとしたが、

「お前は誰のおかげで、ここに住んでいられるんだ？」と、赤黒くこめかみの血管を怒張させて田村は言った。

「お願いだから」

「うるさい！」

右の遠慮のないパンチを鼻面に受けて、琉夏さんは吹っ飛んだ。

信じられない量の鼻血が吹き出し、これは鼻骨が折れたなと思った。

田村はエミリをクローゼットから引きずり出すと、ジャージを力任せにひん剥いている。

胸にペンチを持っていくと、エミリの乳首をそれで挟み、ぐるりと一気に捻り切った。

「やはり、ダイラタンシーで硬化されていると言っても、ここは細すぎたな！」

乳首の傷口からは、母乳のように何か白っぽい液体が噴き出していた。

「ふーん？　修復はないのか？」

田村は、更にもう片方の乳房を掴むと、ペンチを構えた。

琉夏さんが横っ面に跳び蹴りを食らわせ、奥の壁まで田村は吹っ飛んだ。

「こ、このアマ」

構えを取って立ち上がりかけたところを、琉夏さんはハンカチを巻いた拳で連打した。

田村は目の縁を切って、顔面が血だらけになり視野を失ったようだった。

反対側の目も狙う。しかし、必死にブロックして、田村は玄関へと逃げた。

ドアを閉めるが、田村もキーを持っている。ドアチェーンのみでは心許なかったが、仕方がなかった。

エミリの胸からは液が漏れ続け、それは床に流れていた。そして、エミリが現れたときの衣服と同じように、それはどこかへと蒸発しているように見えた。

見る見るエミリの輪郭が萎んでいく。

「またこんなことで……消える訳？」

不意にエミリの瞳が動いて琉夏さんを見た。少し顎を引いて、一度頷いたように見えた。

そして、一気に人の形は溶けてなくなってしまった。

「それだけ？　それだけ？　何か言ってよ！」

琉夏さんが号泣していると、ガチャガチャと玄関ドアを揺する音がした。

這いずって見に行くと、鉞《まさかり》を構えた田村がドアの外にいた。

本当にエミリの腕を切断する気だったらしい。

「ダイラタンシー現象で剪断《せんだん》面は硬化するから、素早くやればスッパリ切れるはずなんだ。それを確かめたい。開けろ」

「……馬鹿じゃないの」

「こいつでチェーンなんか一発で切れるんだぞ」

「……もうあの子はいないわよ」

「嘘をつけ」

「嘘じゃない」

「……嘘だな」

田村が鉞を構えて振り下ろそうとしたとき、

「動くな！　それを捨てろ！」

拳銃を構えた警察官が大勢現れて、田村は逮捕された。

セキュリティの厳しいマンションの中で、血塗れで鉞を持って走り回っていれば、当然のことであった。


後始末は、大してすることはなかった。田村は幽霊がどうとか、ダイラタンシーがどうのと言うばかりで要領を得ず、警察を困らせていた。多分、鑑定留置になってしまうのだろう。

愛人マンションのことは本妻のほうにばれてしまったが、怪我の治療費はキッチリと支払われた。田村は離婚訴訟を起こされ、闇金の事務所にも手入れが入った。

琉夏さんは事情聴取で終わったが、ついでに、怪しいデリヘルのことを警察にチクッておいた。


琉夏さんは、元の飲食業に戻ることにした。キッチンスタッフで、地味に頑張るつもりだ。

また安アパートに住むことになったが、自業自得だと思った。

あるとき、片栗粉が余っていたので水で溶いて溶液を作ってみた。

ダイラタンシー現象の起こる濃度というのは、よく分からないので適当だった。
何となくエミリの身体から漏れていた液に似ているなと思いながら見ていると、紐状の塊が容器の上面に浮き上がってきた。
最初、ダマか何かだと思っていたが、並べてみると、
ナ・イ・テ・ク・レ・テ・ア・リ・ガ・ト・ウ
……と、読めた。

# 手が垂れる

「……幽霊の体験ですか？　うーん、ないことはないけれど、あまりあれの話はしないほうがいいと思うんですよねえ」

宮澤さんの反応は最初そんな感じだった。けれど、私の質問で思い出したこともあったようで、気が変わったのか、

「昔のことですが」と言って、ぽつぽつと話しだしてくれた。

「僕が二十代の頃です。仕事にまだ慣れなくて、手痛い失敗も多かったんですが、そんなときは憶えたての酒を飲んで気を紛らわしていたんですよね」

近所にあった小さな居酒屋に通っていたそうだが、そこでよく出くわす「イチさん」という常連客がいた。

「本名も何も知らないんですけど、今考えたら五十代の頃の勝新太郎によく似ていたので、『座頭市』のイチだったのかもと」

その人も宮澤さんと同じ溶接工だったので、技術的な話で盛り上がったりしてウマが合った

のだという。

その日、店に入ると既に随分酔っ払ったイチさんが、カウンターで店の大将と話をしていた。

「……しかも、柳の木の下っていうんだから、もうどうしようもねえよ！」

とか何とか、結構な大声である。

しかし、内容はさっぱり不明だった。

……柳の木？

「今晩は」

挨拶をしてカウンター席に座ると、イチさんも焼酎の入ったグラスを捧げ持って、

「おう、いらっしゃい」と、返してくれた。

すぐに出てきた生ビールを飲んで人心地付くと、さっきの会話が途切れていたので、

「何のお話をされていたんですか？」と、訊いてみた。

「それがさあ」と、店の大将。

「イチさんが、女の幽霊を見たって言うんだよ」

「へえ」

意外な話題だったが、興味を惹かれた。

「そこのK川沿いの道でさ、柳の木が植わっているところがあるじゃない。あそこだって」

「それで吃驚したと」

「いやいや、そうじゃない」イチさんはグラスを呷《あお》って、

「俺はガッカリしたんだ」

と、へそ曲がりなことを言い出した。

この人らしいな、と思って聞いていると、

「最初、暗がりに白い着物の女が立っているな、と思ったんだよ。近づいてみると、やっぱりそこにいる。柳の枝に隠れるようにして、俯いている訳だ。ところがよく見ると、足首から下がなくて、宙に浮いているんだ」

それはまた典型的なというか、伝統的な……。

「顔は？」

「普通のおばさんだった」

「……そうですか」

「な、既にそこでガッカリするだろ？　もっといけねえのは、あの手つきだ」

「手つき？」

「こう、ダランと両方の手首を下向きに垂らしている訳だ」

「昔の幽霊の絵で、よくある奴ですね」

「あれって、実際に目の前でやられてみろ。俺を馬鹿にしているのかっていう気分になるぞ。だから、こう、肩を押してみたんだ」

イチさんは、身振り手振りを交えて、

「そしたら、スイッと向こう側に手が抜けちまった。そこだけ、ちょっと面白かったかな」

「で、その女はどうなったんですか？」

「少し離れて、振り返ったらもういなかったよ」

ここまで詳細な話を、わざわざでっち上げるような人ではないのは分かっていた。

俄《にわか》には信じ難いが、恐らく事実なのだろう。

暫く更に詳細を聞いていたが、酒が進むにつれそのうち宮澤さんの今日のトラブルの話になり、被覆アーク溶接のコツの話になって、そちらの話題が続いて幽霊話は有耶無耶《うやむや》で終わってしまった。

一週間ほどして、またその居酒屋を訪れると、宮澤さんの顔を見るなり大将が寄ってきて小上がりに誘われた。

「え？　どうしました？」

「話があるんだ」

大将によると、例の幽霊の話をした翌日にもイチさんは来店したが、迂闊《うかつ》にも「目玉焼き」になっちまったと言って、今夜眠れないからと相当痛飲して帰ったらしい。

「ああ、気持ちは分かります」

溶接が原因の「電気性眼炎」という奴で、目がゴロゴロして光が眩しく感じ、とても目を開けていられない。痛みも伴うので、夜眠れないのだ。

しかし、目薬を注《さ》しておけば通常は一日くらいで治る。宮澤さんも何度も経験していた。

「それが？」

「それで、イチさんはどうも家に帰り着かずに、どこかの道端で眠りこけちまったらしいんだな。多分、腕枕で寝ていたんだ。……かなりの長時間」

目覚めた当初は気が付かなかったが、手がうまく動かなかった。手首が上側に反らない。正確には、手首の背屈ができなくなり、中手指骨関節が伸ばせなくなっていた。橈骨《とうこつ》神経麻痺の症状である。

「どうも、長い時間腕枕とか、うつ伏せになって腕を圧迫していると神経がやられて麻痺が起こるらしいんだ」

「……手首が上側に反らない？」

「と、いうことはだ。……一昨日、イチさんが来て、その話をしていったんだが、そのときの姿というのが、両手ともに麻痺が来ていて、この格好だったんだよ」

大将は、両手首をダランと下向きに下げて見せた。

「つまり……」

「幽霊の手つきを馬鹿にした祟りなのかなあって、俺は怖くなっちまって……」

「イチさんは職人なので、これでは仕事ができない。取り敢えず治療に専念するって言って帰ったそうなんですが、結局それっきり会うことはなかったんですよ。僕も怖じ気づいてしまって、その店からは足が遠のいてしまいました」

ところが十年も経って、例のイチさんが女の幽霊を見たというK川沿いを歩いていると、定休日の看板を掲げた釣り堀の岸に、じっと人影が佇立しているのが目に入った。

「……イチさん？」

独特の体格。いつもの短髪で、顔つきも間違いなかった。

しかし、何故か両手を前に突き出し手首を下垂させている。麻痺があったのだとしても、おかしなポーズであった。

「……」

暫く見つめていたが、こちらに気が付くふうもなく、ピクリとも動かないので、厭な予感がしてそのまま立ち去った。

「気になって、随分行っていなかった例の居酒屋を訪ねたんですが、大将は健在でした。……ですが、イチさんはその二年前くらいに病気で亡くなっていることが分かりました。大将が通夜に行ったそうなので、間違いはなさそうです」

宮澤さんは溜め息をついて、

「だから、僕はどんな都市伝説よりも、もはや小馬鹿にされているとしか思えない、日本の古典的な幽霊が一番怖ろしいんですよ……」

# 手首が来る

昭和の終わり頃の話。

亜沙美さんの家は、三代続く地金屋だった。

つまり、金属回収業であり、今ではかなり発展して父親の兄弟達が始めた解体業と連携している。

亜沙美さん自身は憶えていないのだが、まだ小さい頃に、何故か高値の付く銅の在処を見つけるというので、時々現場に連れて行かれたのだそうだ。

銅のことを「アカ」と言うのだが、

「アカ、こっちー!」と叫んで、地面などを指差すのだという。

掘ってみると、回収を見逃していた銅線が大量に出てきたりして、語り草になった。

しかし、物心ついてくると、そういうことは自然となくなったらしい。

家業と住宅は切り離された環境だったので、その後は亜沙美さんは普通に育った。

中学校二年の春、同級生の男の子から、

「うち、養鶏場を廃業するんだ。バサとゲージの廃棄物が沢山出るんだけど、引き取れるかな？」と、相談された。

バサというのは屋根に使うトタンのことで、そのときは頭の中で算盤《そろばん》を弾いて、これはいい小遣い稼ぎになるなと思い、早速親に話を持っていった。

オーケーが出て、早速見積もりをしに父親が赴いたのだが、結構大きな養鶏場だったらしく、「鶏舎もアルミニウム《ニューム》が沢山使われているし、いい儲けが出るぞ」とのことだった。

その男の子とは、同じ園芸部だったので仲が良かった。

沢井君といった。

ひょろりとした痩せた子で、少し膝が悪く調子の悪いときには跛行《はこう》があった。

「養鶏場がなくなって、お家大丈夫なの？」と訊くと、

「不採算なので整理するんだって。家業自体は大丈夫だよ」とのこと。

本来は食肉加工をやっているらしかった。

その養鶏場の屋根はいつも通学路から遠くに見えていたのだが、それがそういうものだとは知らなかった。

その周辺には何か大規模な開発が入っているらしく、幾つかの建設工事が進んでいた。

「病院ができるんだって」

「スーパーもだろ」

「同時に河川改修もやって、橋も架けるんだって」

との噂だった。

それなら、その機に応じて土地を売った訳だな、と思い少し安心した。

「さて、どのくらい資材が出るのかな？」

自転車通学だったので、様子を見に行ってみたくなった。

ゆるゆると漕いでいくと、工事現場にはダンプカーが次々と乗り入れ、溶接の火花が瞬き、騒音も物凄い。

二箇所の建設工事が、並んで同時に進められている様子だった。

その空隙を抜けないと、川を渡った先の、養鶏場の解体現場には行けそうもなかったので、早々に亜沙美さんは諦めた。

ぐるりとハンドルを回して取って返す。

かなり離れた場所にクレーンがあって、何かを吊り上げる玉掛けの作業をしているようだったが、「パン」というような乾いた音がして、悲鳴が上がった。

「え？」と思う間もなく、自転車に何かがぶつかって、その衝撃で横転した。

起き上がると、制服が血飛沫《ちしぶき》だらけになっている。

そして、自転車の前輪のスポークを押し曲げて、人間の手首が挟まっていた。

損傷の著しいそれを見た途端、亜沙美さんは気が遠くなった。


目を覚ましたら、救急車の中だった。

「気分はどうですか？　大丈夫？」と、気付けなのだろうが激しい口調で救急隊員に訊かれる。

「……ああ、吃驚しただけです」

身体も何ともない。自分でも驚くくらい、気分は悪くなかった。

「病院まで行かなくても」

「いや……一応、事故に絡んでいるので、診断書が必要になると思います」

訊くと、クレーンから荷物を吊り下げていたが、そのワイヤーロープの一本が千切れて、勢いで取り付け金具から外れて飛んでしまったらしい。それが関係のない別の作業員の右腕に当たったのだという。

右手首切断の、重傷なのだそうだ。

そして二次被害として、吹き飛んだその手首が亜沙美さんの自転車に命中したという訳だった。

「自転車で良かったですよ。もし、身体にぶつかっていたら、骨折くらいで済んだかどうか……」

それは危なかった……と思い、ぞっとして毛布を首元に引き寄せた。

病院の救急外来で診察を受けていると、知らせを受けて真っ青になった父親が飛んできた。

血だらけの亜沙美さんの制服姿を見て、ますます青ざめる。

「いや、これって、返り血？　だから」

「返り血だと、人でも斬ったことになるわね」と、父親の後ろから担任の木原先生が現れた。

国語教師なのでいつもこんな感じだった。初老の女教師である。

「どこにも怪我はないそうだから、お父さんも安心して下さい」

そして、着ていたカーディガンを脱いで、それを亜沙美さんに羽織るように促した。

結局、入院の必要はないだろうということになり、暫くして建設会社の人の謝罪を受けた後、帰路に就いた。

帰りのタクシーの中で、手首を落とした人は、痛かったろうなと思い、早期の治癒を祈った。

三カ月程が経った。もうじき夏休みである。

弁償として貰った新しい自転車を漕いで学校へ行くと、沢井君が花壇にいつものように早めに来て水遣りをしていた。

駐輪場からそちらへと歩く。

種から育てたホウセンカが、ぎっしりと並んで赤い花を咲かせていた。

「綺麗に咲いたね」

「だねえ」

平和に会話をしていると、ブラスバンドの一団が近くで朝練をし始めた。

基礎練習なので、聴いていても面白くはない。

二人でそそくさと退散しようとしたら、トランペットを持っていた三年生の女子が、「ちょっと、あなた」と、声を掛けて駆け寄ってきた。

「え？　はい。私ですか？」

「三浦さんよね？」

それは亜沙美さんの姓で、間違いなかった。

「そうですが？」

「ああ、少し話がしたかったのよ。放課後空いてる？」

「ええ……というか、どういう？」

「いや、警戒しなくていいから。私は、高梨と言います。高梨鈴。あなたも自転車だったわね。じゃあ、駐輪場でね」

それだけ言って、楽器の輪に戻っていった。

警戒するなとは言われたが、その日はずっと落ち着かなかった。

何か、上級生に目を付けられるようなことをしたっけ？

沢井君が、どこからか情報を仕入れてきた。

「高梨鈴。一年からずっとブラバンで活動。成績も良いんだけど、吹奏楽部で有名な○○高校へ進学希望。……みんな悪い人じゃないって言ってるよ」

しかし、なら一層、一体何の話があるのだろうか？

放課後、仕方なく駐輪場に行くと、高梨鈴が先に来て待っていた。

「お疲れ。ちょっと歩きながらでいい？」

「はい」

自転車を押しながら歩いた。少し後ろを歩く形になる。

「実は、この間の事故のことなんだけど……」

話を聞いていて驚いた。事故で負傷したのは高梨さんの従兄なのだという。建築会社に就職して、現場に出たばかりだったのだそうだ。

「それは大変お気の毒で……」

「けれど別に、事故のことがどうこうということではないのよ。従兄……高梨俊っていうんだけど……今はもうショックからは、立ち直っているわ。けれど、あなたのことを気にしているようなのよ」

「気にしている？」

「気に掛けている……かしらね？」

「でも、別に怪我もないし」

「その辺はよく分からないんだけど、あなたが女子中学生で連絡するのも難しいし、もし機会があったら声を掛けてみてくれって頼まれていたの」

「うーん」

ますますよく分からなかった。事故のお見舞いはしておきたい気がしたが、しかし、知らない男の人と直接会うのは、どうも気が進まなかった。

「……お手紙とかでもいいですか？」

言ってしまってから気が付いた。

「……あ、そうか右手が」

「……今、練習をしているみたい。多分、大丈夫。住所だけ、教えてもらえたら伝えておくわ」

メモ紙にそれを書いて渡すと、

「ありがとう。私、こっちだから」と言って、高梨鈴は自転車に乗り、去っていった。


それから一週間ほどして、便箋がみっちりと詰まった封筒が亜沙美さん宛てに送られてきた。

恐る恐る開封して読んでみる。


——初めてお手紙差し上げます。慣れない左手で書いておりますので、どうか乱筆をお許し下さい。

事故については、むしろ三浦様には御迷惑をお掛けしてしまい、申し訳ありませんでした。関係者一同とともに、改めてお詫び申し上げます。

最初にそうあり、続いて事故後の傷の回復具合、リハビリの様子などが書いてあった。

……が、中盤辺りから急に様子が変わってきた。


――実はこんなことを書くと、正直なところ「この人は頭がおかしいのではないか？」と思われるだろうと察しますが、しかし、書いてしまおうと思います。

私には人より勘が鋭いところがあって、子供の頃は隠れんぼなどですぐに相手を見つけたり、祖母の失くし物を探し当てたりすることが得意でした。

広い校庭のどこかに友人が三日前に落としたという記念硬貨を、あっという間に見つけたりと、そういう感じです。

そのうちに、ふと気になる方向を見ると何か白いものを目の隅に捉えるようになりました。

「何だろう？」とは思っていましたが、追いかけてみても実体はなく、自分には変な幻覚を見る癖があるのだろう、くらいに思って、そのことは思春期を過ぎて以降はすっかり忘れておりました。

事故の一月ほど前なのですが、部屋で書類を見ていると右後ろ辺りで何か動くものがちらりと見えました。しかし、振り返ってみても何もいない。

うちは猫も何も飼っていないので、不審に思って当てずっぽうに書棚の本を取っ払ったのですが、すると背板に張り付くようにして——細い指の真っ白い、明らかに女性の手首がいたのです。

驚いていると、それは蜘蛛のように素早く動いて床から壁を這い、追いかける間もなく、どこかの隙間から天井裏にでも入ったのか、姿を消してしまいました。

私は自分の正気を疑いましたが、しかしそのときでさえ、どこかでカチャカチャと指で掻いて手首が動き回る音がしていました。

さすがに気味が悪く、数日は警戒していましたが、考えるだに現実離れしており、悪い夢でも見たんだろうと思うことにしていましたが——事故の前々日のことです。

夜中にベッドで寝ていると、部屋にある自分の机の上で何かがこそこそと動いている気配がしました。

「まさか」と思って跳ね起きましたが、手首はいません。しかし、雑誌からちぎり取ったと思われる小さい紙片がそこにはありました。それぞれ活字が一字ずつ印刷されており、それは、「ウ」と「ラ」と「ミ」でした。

怨み？　私は誰かに恨まれているのかと思いましたが、心当たりは特にはありませんでした。

そして、あの事故だったのですが、私は後から事故の経緯と、あなたのことを聞いて、非常に強い疑念に囚われました。

あのときの活字は、バラバラに置かれていて、私は「ウ・ラ・ミ」だと思いましたが、実はあなたの姓の「ミ・ウ・ラ」なのではないかと。

ですから、頭のおかしい人の妄言だと思われても構いませんが、「手首」がもし出現したら気を付けて下さい。

私の怪我も因縁めいていますし、あれは危険なものだと思います。

私の元へは、あれからは現れてはいません。

手首の特徴は、左手だと思われ、皮膚が真っ白で、指が長く、そして爪にオレンジ色っぽいマニキュアをしています――。


亜沙美さんは、その薄気味の悪い手紙の返信を書き倦《あぐ》ねた。

何と書いていいのか分からないし、真に受けていいのかさえ、さっぱり見当が付かなかった。

どうにも気になるのは、校庭で硬貨を見つけた云々とあるところで、自分にも幼いときにそんなことが多々あったことを両親から聞いていたのだ。

十円玉が多かったそうだ。

「あれも銅《アカ》だからね」と、母が言っていた。

この文面の通りに行くと、そのうちに目の隅に手首が現れだすのだろうか?

そんなことばかり考えて、気分が塞ぎがちになった。

が、ふとこういう薄気味の悪いことが好きな友人が一人いることを思い出した。

沢井君だ。

確か、一時期「恐怖の心霊写真集」とかいう本を、学校に持ってきてまでよく見ていた。

……翌日、送られてきた手紙を持って学校に行き、昼休みにそれを見せると明らかに興奮していた。

「本当に、こういうことってあるんだ!」

あってもらっては困るので、意見を訊くと、

「そう言えば、心霊写真にはよく手が写っているなあ。大抵はうっすらとぼやけているけど、この手紙の様子では結構生々しく動き回っているね」

……ゴキブリにだって吃驚するのに、そんなものが出てきたら気絶してしまう。

「あれ？　手首って言えば……」

「何？」

「うちの学校の七不思議って奴に、音楽室に出る手首ってあったんじゃ」

「……ああ」

ちらりと噂で聞いたことはあった。確か夜中にピアノの鍵盤の上を手首が這い回って、何か曲を弾くという話だ。

しかし、今時誰もそんなことは信じていなかった。

「でも、共通点かもしれないよ。何でそんな話が伝わっているんだろう？　大抵、音楽室ならベートーヴェンの絵が動くとか、そんなじゃないかな？」

「それ、どうやって調べるのよ？」

「長くここにいる人なら知ってるんじゃ」

「あ……」

勤続三十年の人がいた。

担任の木原先生だ。

木原先生は何か授業に対する質問が寄せられるのかと思っていたらしく、明らかに不機嫌になった。

「……音楽室の手首?」

「よくある噂ですよ。馬鹿馬鹿しい」

やっぱり、と思って二人で首を竦《すく》めていると、しかし一応は答えてくれるらしく頭を巡らして何かを思い出そうとしていた。

「最初にそれを聞いたのは……そうねえ、確か一九六〇年より前よねえ」

それはまた、随分と古い話だ。

「でも、ただ這い回っていたとか、そんな話だったわね」

「じゃあ、その後いろいろ脚色されたんですね」

「ただの見間違えが、大袈裟に広まったんだろうと思うわね」

すぐに結論が出てしまい、変な質問をしてすみませんと謝った。

「でも、何でそんなことを?」

亜沙美さんは、暫く逡巡したが、送られてきた手紙を先生に見せることにした。

職員室の椅子に身を沈めて、木原先生はじっとそれを読んでいたが、

「左手で……オレンジ色のマニキュア？」

と、思わぬ所で口に出して反応をした。

「何か？」

しかし、すぐには答えてくれない。

亜沙美さんの顔を何故かじっと見て、

「三浦さんのお父さんは、ここの中学の出身よね」

「……ええ、そう聞いています」

そして、封書を裏返して差出人のところを見ていた。

何だか異様な気色だったので、口を挟めずに黙っていると、

「放課後、お好み焼きでも食べに行きましょう。車で送り迎えはします。……親御さんには断っておくように」と、言われた。


着替えて、お好み焼き屋に来て、既に鉄板の上でそれがいい感じに焼けてきているのだが、どうも雰囲気が重かった。

「手紙にあったマニキュアだけど……」と、何かを決心したかのように先生が口を開いた。

「昔、私が中学校に赴任して、新任一年目から二年目の頃に、何度か爪紅《つまべに》が女生徒の間で流行したことがあったのよ」

「つまべに？」

「マニキュアのことをそう言うこともあるけど、その頃はそれは全然一般的じゃなくて、化粧品で見たのは六十年代の後半に入ってからかなあ……。昔からある女の子の遊びのほうの話で……ホウセンカの花にミョウバンを入れて潰して、それを爪に当てておくと朱色っぽい色に染まる。色が褪《さ》めてもオレンジ色っぽく残るのよ」

「へえ」

「指導でそれはすぐ禁止になったんだけど、それでも一人、色を落とさないように大事にしている子がいた。左手の爪だけ染めて、うまい具合に誤魔化していたのね。……まあ、私は気が付いていたけど、まだ若かったし、気が弱かったので見て見ぬ振りを」

「へえ……」

「その子が大事にしていた理由は、察しが付いていて、それもまた噂に近いお呪《まじな》いだったんだけど、夏に染めて初雪が降るまで色が残っていると、恋が叶うっていう言い伝えがあったのよ」

「ロマンチックですね……」

しかし、そもそもの話の経緯から考えると素直にそう思えない。

「焼けたよ」

沢井君が話を遮って、お好み焼きを引っ繰り返し、ソースを刷毛で塗り始めた。よほどお腹が空いていたらしい。

青海苔も振って、皆でそれを取り分けて食べ始めたが、

「それで、その子なんだけど、秋口に急病で亡くなったのよ」と、先生がポツリと言った。

「え？」

「長い間教師をやっていると、たまに出くわすんだけど、若い子も脳出血を起こすことがあるのよ。大抵、先天性の血管異常が原因で、今ではほとんどが助かるんだけど、当時はまだ医療もねえ……」

それでは、恋も何も叶わなかった訳だ……。

さぞ無念だったことだろう。

「紅って、呪術的な意味もあるから、それが原因で左手首だけ生き残って化けて出ているのかも？」

沢井君が急に分析的なことを言って、何だか場が醒めた。

けれど、確かにそれが手紙にあった爪紅をした手首だとしたら、沢井君の言った説で合っている気もする。

「しかし、何でそれが今頃現れたんだろう？」

木原先生が、言いにくそうに、

「これって、あなた達に話していいのか、よく分からないのだけれど、その亡くなった子は当時黎明《れいめい》期の吹奏楽のクラブにいて、トランペットの上手な上級生の男子生徒からそれを習っていたのよ」

「……それが、お相手？」

「今となっては分からないけどねえ……。それで、そのトランペットはマウスピースだけ取り替えて使っていたんだけど、男子生徒の私物だった。まだ学校に備品なんて、ほとんどなかったのよ。……それが、その女生徒が学校内で借り受けている最中にそれを紛失するという事件があった。……高価なものだったから問題になって、散々学校中を探したんだけど出てこなかったのよ。そして……」

先生は目を逸らして言った。

「そのとき、一番疑われたのが、女生徒とその男子生徒の仲をよく囃し立てていた、悪童二人組で……三浦さんのお父さんと、多分事故に遭った方のお父さんだわ。女生徒は、その紛失事件の渦中に亡くなったのよ」

「危ないから、ここには来るなって言っただろう」

晩考えを纏めてから、次の日の放課後、金属資材の分別場にいる父親のところへ赴いた。

家で話すのは、母がいるのでどうも良くない気がしたからだが、

「お父さん、小池聡美さんっていう人、知ってる？」と、単刀直入に訊いてみた。

それは、爪紅をしていた女子生徒の名前だった。

「誰だ？　そりゃ？」

父親は、きょとんとしている。

「昔、中学生で亡くなった。トランペットを吹いていたお父さんの同級生よ」

「……ああ」

思い出したのか、目が泳いだ。

「何でそんなことを？」

「この間の事故で手首を失った人が、お父さんと仲の良かった高梨さんっていう人の息子さん

なのよ」

「え？　そうなのか？　……卒業してからは全然会っていなかったからな」

そこから、どう話が繋がっていくのか気になっている様子だったが、

「ここはユンボが来るから危ない。あっちへ行こう」と、促された。

離れて様子を見ていた沢井君を呼んで、休憩室の建物に入る。

テーブルを囲んで座ると、沢井君が事の経緯を、要領よく説明した。

「……信じられないような話だな。……しかし、高梨自身はどうしているんだ？」

「その親戚の高梨鈴っていう上級生に聞いたんだけど、二年前に亡くなっているんだって」

「……そうか。若死にだな」

胃がんで死亡。四十四歳だったらしい。

「で、何が聞きたい」

「いろいろ沢井君と一緒に考えてみたんだけど、なくなったトランペットが出てきていないっていうのが、やっぱり諸々の原因じゃないのかなって」

「……まあ、うちは地金屋だからっていうんで、俺が真っ先に疑われたんだよ。あれは真鍮《しんちゅう》製で、地金だと高いだろうからって先生共が言う訳だ。それは楽器のままのほうが、よっぽど高

く売れるだろうって言い返したがな。……未だに腹が立つな」

「お父さんが盗んだんじゃないのね？」

「当たり前だ」

「じゃあ、友人の高梨さん？」

「うーん、奴は小池さんが好きだったようで、そんな意地悪をしそうな様子はなかったんだがなあ。でも、あれは相手の男のものだし、嫉妬に狂って魔が差したとしても不思議はない……。けれど、何しろ証拠も何もなかったんだよ。結局、物自体が消えたままで有耶無耶だな」


父親が何故か小遣いをくれたので、そのまま二人でこの間行ったお好み焼き屋に向かった。

沢井君が焼く作業を全てやってくれるので、亜沙美さんはそれをぼんやりと眺めていた。

「幾分ほっとした？」

「お父さんが犯人だって確定しちゃったら、どうしようかと思ってた」

「僕……手首の立場になって考えてみたんだ」

「手首の立場？」

「手首の目的が、トランペットの行方を知りたいという妄念だったとした場合、まずは学校中を探すだろうね。だから、音楽室の辺りで目撃された」

「なるほど」

「次に、疑わしい人物の周辺を探す。事故に遭った高梨さんは、亡くなったお父さんと同じ家に住んでいた訳だから、それで時々見かけていたのかも。けれど、長い間探しても何も出なかった」

「……なるほど。けれど、うちのお父さんは？」

「疑っていなかったんじゃないのかな。今日会って、悪い人じゃないと思ったよ」

「事故の前に現れたのは？」

「そこなんだけどさ。手首の立場になってみるとだよ、偶然だろうけど、今の学校ではブラバンで高梨鈴さんがトランペットを元気に吹いているし、三浦さんが花壇で思い出の花のホウセンカを育てている訳で、何だかこうイラッとしていたんじゃないかと思うんだよ」

「手首がイラッとする訳？」

「それに、事故のあった場所というのは……木原先生に聞いたんだけど、あそこは昔は綺麗な河原で、二人で仲良くトランペットを練習していた場所なんだってさ」

「……そこまでいくと、確かに私でも切れちゃいそうだわ」

「その前にうちの養鶏場が建った訳だけど、あの養鶏場では、鶏が何かに怯えて採卵量が悪いとか、他にもいろいろ言われていたんだよ。理由が分かった気がしたよ。それに、一番疑わしい高梨っていう人が死んじゃって、行き詰まっちゃったんじゃないかな」

沢井君は、お好み焼きを引っ繰り返すと、

「それで、何で三浦さんや僕が巻き込まれているのかっていうことなんだけど」

「え？」

「要するに、トランペットを見つけてくれっていうことじゃないかと思うんだ。僕達って、いつの間にか真相究明の役回りをしている。そういうふうに仕向けられているのかもしれないし、よく分からない因果の力で操られているのかもしれない。……それに、事故の前から、何だか切羽詰まった感じがすると思わない？」

「切羽詰まる？」

「小池聡美さんが亡くなって、今年で三十二年なんだ。幾ら何でも時間が掛かりすぎた。……ひょっとして、幽霊にも寿命っていうものが、あるのかもしれないじゃない？」

夏休みに入って二日目、木原先生に頼んで学校への立ち入りの許可を貰った。

待ち合わせの時間にタクシーが現れ、高梨鈴と白っぽいジャケットの男性が降りてきた。

「高梨俊さんですね」

「初めまして」

亜沙美さんは、事故後の経緯を纏めた手紙を送っていた。すると返信が来て、昔校庭から硬貨を探した要領で探してみようかという提案が来たのだった。

昔の校舎は建て替えられていてもうないし、依然それが隠されているとするなら、変化していない校庭か、その周辺ではないかという。

沢井君は高梨俊氏の、黒い手袋を嵌《は》めた装飾義手が気になるのかチラチラと見ていたが、

「調べ直してみましたが、新校舎からこちら側がやはり怪しいですね」と話した。

「どこかに埋められているっていうこと？」と高梨鈴。

「多分」

家を出がけに、亜沙美さんが今日トランペットを探してみることを父親に話すと、

「これを持っていきな」と、U字形をした何かの金属片を手渡された。

「トランペットの抜差管《ぬきさしかん》だ。昔、廃棄物の中で見つけたので拾っておいた。真鍮《キナ》のこの質感、色艶、曲げたときの具合、手で触って憶えておきなさい」

昔って……それなら、時々思い出していたんじゃないの、と思った。

気にはしていたんだ……。

手に持った、抜差管は夏の日差しに輝いていた。

それを高梨氏に手渡す。

暫く左手の指で、それを撫でていたが、集中しているのか長い間黙りこくった。

傍にいた亜沙美さんの指に、不意に金属の感触があった。

「あれっ？」

何もそこにはありもしないのだが、指に感触が伝わってくる。酷く冷たく、高梨氏の持っているそれではない。しかし、柔らかさのある滑らかなそれは、真鍮だと思った。そして、自分の指先がどこに触れているのかを探ると、自然に腕が一方向を指した。

花壇の辺り……。

「あの花壇ですね」と、目を開いた高梨氏は、そう言い足早に歩きだした。

それはホウセンカの花壇の隣、ヒマワリが咲いている区画だった。

高梨氏は煉瓦組みのその側面を見て回っていたが、

「ここ、おかしいですね」と、コーナーの部分を指差した。

確かにそこだけ他の煉瓦と横に連続していない。上面のL字形に加工された煉瓦から下が独立していた。

「これって、引き抜けるんじゃない？」と、高梨鈴が言った。

沢井君が園芸倉庫からバールを持ってきて、根気よく先を根元に打ち込み、捏ね上げるとそれがぐらつきだした。そして、皆で力一杯引き抜くと、煉瓦の塊がごっそりと抜けた。

底石をどけると、縦にすっぽりと収まった何かのケースが見えた。


トランペットは堅牢なケースに守られていて無事だったが、雨水の浸入で錆びだらけだった。

本来は専門のリペアの業者に頼むべきだったのだが、木原先生からの連絡で小池聡美さんの三十三回忌法要があることが分かった。その為、それに間に合わせる為に楽器としての再生は諦めて、取り敢えず錆を落とそうということになった。

……そして今、小池聡美さんの遺影の前に、綺麗になったそれが置かれている。

お坊さんの到着が遅れているらしく、仏間には沢井君と亜沙美さんしかいなかった。

他の人は、別室でお茶を頂いている。

木原先生、高梨鈴と高梨氏、それに亜沙美さんの父も招かれていた。

「錆が、信じられないくらいなくなってますね」

「お父さんが執念で磨いたのよ。薬品も使ったみたいだけど、真鍮ブラシが十本近く駄目になったとか」

「三十三回忌法要って、亡くなって三十二年目にやるんですね。知らなかったな」

「……何だか、いろいろ間に合った感じはするわね」

そのとき、パタリと小池聡美さんの遺影が手前側に倒れて、仏壇の小さな引き戸から白い指が現れた。爪紅らしきオレンジ色の爪も見えた。

「え?」

指の関節が屈曲し、手背部が引き出されてくる。

呆気に取られていると、それは凄い勢いで畳の上に降り、指で立ち上がって、沢井君のズボンの膝を掠め廊下から庭のほうへ飛び出していった。

亜沙美さんは、不抜けてしまい全く動けなかった。

沢井君が追いかけたが、見失ったのか、すぐに帰ってきた。

「消えちゃいました。……物質のような振る舞いをするかと思うと、そうでないような振る舞いもする……。あれって、一体何なんですかね?」

……このときは吃驚したが、後から考えると怪奇好きの沢井君へのお礼だったんじゃないかと、亜沙美さんは疑っている。


法要の後、高梨氏と話した。

「どうして手首……小池聡美さんは、事故のときだけあんな極端なことをしたんでしょうね？」

「……いや、今ではあれは偶然だったんじゃないかと、僕は思っていますよ」

「え？」

「何かの執念が偶然を引き寄せることって、よくあるじゃないですか。事故の責任は事故の当事者にあるんであって、彼女の責任じゃないです」

「……」


以来、手首は現れていない。

# 鏡極楽

奈月さんは、西洋アンティークの小物が好きで、よく専門店に通っていた。

あるとき、ブルーのラインストーンで作られたヴィンテージのブローチを見つけて、値段が手頃だったのでそれを買った。

だが、職場の同僚の美鶴子が、それをどうしても欲しいと言う。値段の倍出すから譲ってくれとうるさいので、とうとう一度も着けて外出することもなく、売却してしまった。

美鶴子の悪い癖で、誰かが装身具を身に着けていて「良い」と思うと同じものを欲しがったり、今度のように一品物だと、上値を付けてまで買い取ろうとする。

しかし、のべつ幕なしという訳ではなく、それ以外では気の合う友人だった。

ブローチは掘り出し物だとは思ったが、特に愛着はなく、それはそれで構わないので気にしてはいなかった。

十一月のある日、パン屋でバゲットを袋に入れてもらっているときに、何げなく見たレジ横のチラシで、地域の蚤《のみ》の市が開催されることを知った。

場所は自宅に近い神社の参道だった。チラシのデザインに使われている西洋雑貨が気になり、何度も見返す。どうも、実行委員をやっている人物が、アンティークの買い付けや販売をしている人らしい。

店があるのかどうか等はよく分からなかったが、そういう人物が関わっているのなら、ひょっとして何か面白いものがあるかもしれないと思って、開催の日を楽しみにしていた。

当日は、晴天で小春日和だった。

休日で、丁度何か食べに行こうと言う美鶴子の希望と重なったので、午前中に蚤の市に行って神社の近くにあるカフェで食事しようという話になった。

参道には人が集まっていたが、丁度いい感じでごみごみしてはいなかった。

道の両側には、地域住民が思い思いに店を開いていた。大抵は家庭の不要品なのだが、骨董などが混じっていて結構面白い。

中には河原や海岸で拾ってきたという、小石を売りに出している人もいた。

どういう訳か美鶴子がそれに食い付いてしまい、特にビーチグラスに御執心のようだった。

「壜などの欠片が波に洗われて丸くなったものなので、赤とかピンクは貴重色なんですよ」

と、五歳くらいの子供の世話をしながら上下ジーンズ姿の男性が説明した。

美鶴子は散々迷った挙げ句に、彩りの良い袋詰めのセットを一つ買った。

「そういうの好きなんだ」

「宝石とかも好きだけど、何だか心惹かれるのよね」

「性分なんでしょ」

「言い方！」

端っこまで一応見ようということになり、三々五々歩いていると、奈月さんはようやく本格的な骨董品の並びを見つけた。

日本のものも、西洋風のものもごちゃ混ぜだった。小物の品定めをしていると、その手前にある何かのケースが気に掛かった。

人工皮革の箱形ケースで、表面に剥げかけた金文字で「百色眼鏡」と刻印されていた。

「百色眼鏡？」

「何だろう？」美鶴子も近寄ってくる。

店番の人にケースを開ける許可を貰って、開いてみる。

中には、長方形の四面を持つ乳白色の筐体《きょうたい》と、ガラスの試験管のようなものが並んで納められていた。

筐体は陶器のような質感だが、合わせ目があり、内部構造を保護している感じだった。取り出してみると、一方に何かの金具が付いており、反対側に覗き穴のような部分もあった。

「ああ、万華鏡よ。それ」と、美鶴子が言った。

「反対側に、その試験管みたいなのをセットして使うの。中学のとき、工作の授業で作ったっけ」

「へえ」

「結構古そうだけど、オイルタイプのオブジェクトケースを使うものってあったんだ」

「オブジェクトケース?」

「そのガラス管よ。中にスパンコールとかいろいろ、キラキラしたものを入れて、引っ繰り返すようにするとオイルの中を流れて、万華鏡の模様が変化するの」

更に美鶴子が説明を続けようとしたとき、

「ちょっとすみません」と、三十過ぎくらいの男性が割って入ってきた。

二人で驚いていると、

「すみません。これって間違って出品されちゃって。ある人の遺品なんですけど、御遺族に渡すことになっていたんです」

そういうことであれば全然、大丈夫だと伝えると、

「もし、万華鏡をお探しなら、うちで沢山扱っていますのでどうぞお越し下さい」

そう言って名刺を手渡された。

アンティークを扱う店の名前が印刷されている。名前は、チラシで見たこの蚤の市の実行委員のものと同じだった。

翌週まで事務仕事で忙しかったが、美鶴子が例のアンティーク店に行ってみたいという。

「車は出すからさあ」

「一人で行ったら」と言いたかったが、元々アンティークが好きなので奈月さんも興味があった。

日曜日に、美鶴子の軽自動車に同乗して、名刺にあった住所地へと向かった。

古めかしいビルの一階にその店はあった。その手の店の定番で、店の前には椅子が置いてあり、様々な小物が窓辺に並んでいる。

何げなく置いてある椅子だが、英国アンティークのカントリーチェアで、背もたれは七スポーク。二、三万円はするのではないかと思い、ちょっと心配になった。

中に入ると、すぐ目の前であの男性が丁度棚から何か下ろしているところだった。

「いらっしゃいませ。……来て下さったんですね」

二人のことを憶えていたのか、柔らかく笑った。

「今日は、やはり万華鏡をお探しですか？」

いえ、いろいろ他にも小物を……と、奈月さんが答えるより先に、

「はい、お願いします」と、美鶴子がやけにハキハキと言ってしまったので、店の奥にあるそのコーナーへと案内されてしまった。

そこには、恐らく作家ものと思われる豪華絢爛《ごうかけんらん》で大きな作品から、手頃そうな可愛い小品まで様々な万華鏡が並んでいた。

「凄い品揃えですね」奈月さんがそう言うと、

「これは、私の趣味が入ってますんで、つい、ですね」と、恥ずかしそうに頭を掻く。

「ここだけは現代作家のものもあります。委託販売品とか、私のコレクションとか、ごちゃ混ぜですね」

「これ、覗かせてもらっていいですか？」と、美鶴子。

「どうぞ。オブジェクトケースの使い方は……」

「あ、分かります」

そう言って、嬉々として万華鏡を手に取り出した。

そう言えば、美鶴子はキラキラしたものが好きなんだっけ、と思い出し、

「まるでカラスみたい」と、心の中で悪い感想を抱いた。

その日、結局美鶴子は少し値の張るオイルワンドスコープを一つ買った。例のオブジェクトケースを使うもので、ケースは別売りで様々なものがあるのだそうだ。

奈月さんはなるべく美鶴子に目を付けられないように、地味な銀縁の写真立てを買った。

「ありがとうございました」

店主は気持ち良く送り出してくれた。既に名前は知っていたが、

「小渕幸将と言います。どうぞ、ご贔屓《ひいき》に」と、自己紹介をした。


翌週、美鶴子はまた小渕氏の店を訪れたようだった。別のオブジェクトケースが欲しくなったとのことで、

「ガラス製のおはじきが封入されたものを買ったんだけど、全然映像が違うのよ」と、お昼休みに熱弁を振るっていた。

「蚤の市で買ったビーチグラスを利用できないか聞いてみたんだけど、粒が大きいのでケース

も大きくなる。バランスの問題もあるから作家さんに本体を組んでもらいますか、だって」

「でも、お高いんでしょう?」

「うーん、考え中」

キラキラ好きが相性の良い趣味を持てたのだから、それは良かったのだが、それからも間を置かずに通っている様子で、さすがに奈月さんも「ああ、小渕氏に御執心なんだ」と、ピンときた。

そのうち、一緒に食事に行ったとか、映画に行ったとか、普通に付き合っていることを公言しだした。

小渕氏は独身だったようで、客観的に見てもなかなか身の回りに存在しない物腰柔らかいイケメンだ。

だが、どうも奈月さんには異性としての何かを感じるところがなく、二人の交際がうまくいけばいいな、と友人の枠の中で応援しているだけだった。

ある日、美鶴子と連れ立って社外へランチに出た際、カフェで妙に深刻な表情で相談をされた。

「奈月はよく本を読んでいるでしょう? 江戸川乱歩の『鏡地獄』って知ってる?」

それは、読んだことがあった。

乱歩の怪奇短編で、レンズやガラスに病的な嗜好を持つ男が、球体の鏡を作ってその中に入り、気が狂ってしまう話だった。

「それが？」

「彼がね。自分はそのレンズ狂の男に似ていて、傍目から見たら気味が悪いところがあるかもしれない。それでもいいかって言うのよ」

似ている？　確かに万華鏡には拘《こだわ》りがありそうだった。しかし、そういう嗜好癖なら美鶴子と同じではないか。

「別に、キラキラマニア同志なら問題はないんじゃないの？　……でも、彼が球体の鏡を作り出したら別れなさいよ」

美鶴子はけらけらと笑って、

「それはもう言ったわよ。彼の話では、球体の内部に入ってみても――まあ、球体の大きさと光源の位置にもよるけど――多分自分が上下左右に無限に見えるだけで、発狂はしないだろうって」

奈月さんは小渕氏の店で買った写真入れを使っていたが、インテリアとして寂しかったので、もう少し買い足そうかと思った。

確か同じようなものがもう数点並んでいたはずだったので、土曜の夕方、買い物ついでに店へと寄ってみた。

入り口のドアを開けても今日は姿がない。奥を覗き込むと、暗くした一角で、小渕氏が反対側にある光源に向かって、両手で万華鏡を操作しているところだった。

「あの、こんばんは」

「あ、いらっしゃいませ」小渕氏は、慌てたように向き直った。

その手に握られている乳白色の万華鏡には、見覚えがあった。

あの、蚤の市に出品されていた「百色眼鏡」だ。

「……ああ、気が付かれましたね」

「それって……」

「うーん、ある人の遺品だというのは本当なんですが」

では、遺族に返すというのは嘘だったのか？

「どうしても欲しかった？」

……ので嘘をついたのか、と訊きたかったが、思い直した。それは些細なことでどうでもよかった。友人の彼氏を問い詰めても、碌《ろく》なことにはならない。

「あ、いえ、気にしないで下さい。そもそも、それを買う気なんてなかったですから」

奈月さんがそう話す間、小渕氏は何か悩んでいたが、

「これって、世に出してはいけないものなんですよ」と、意外なことを言い出した。

「僕みたいな者のところにあったほうがいいんです」

「……どういうことです？」

小渕氏は、オブジェクトケースを万華鏡から外して、奈月さんに見せた。

「中のオブジェクトですが……」

オイルの中には、金色や銀色の三日月型をしたものが揺蕩《たゆた》っていた。光に翳《かざ》して万華鏡の視野に展開させれば、きっと美しいだろうと思った。

「これって、着色した人間の爪ですね」

「……え？」

「同様に他のものも、砕いた人間の歯を着色したもの、血管組織の一部、耳の小器官とかです」

「……どういうことですか？」

「多分、これは誰かの身体の一部をこういう形で残しておいたものなんでしょう。……使途は不明です。呪具なのかもしれないし、その人の霊を呼び出したかったのかもしれない」

聞くだに身の毛がよだった。

「それでは、私達がうっかり変な物を買わないように阻止して下さった訳ですね」

小渕氏は頭を掻いて、

「それもありますが、第一には僕の興味本位です。変な万華鏡が出品されていると聞いて、駆けずり回って探していたんです。……予想以上に変でしたが」

「……」

「骨董を扱っていると、時々おかしな物には出くわすんですよ」

まだ小渕氏の手に握られている万華鏡が気になった。

覗いたら、一体何が見えるというのだろう。

「あ、覗いてみます？」

「いえ、結構です」

全く……冗談ではない。

「使途は不明なのですが、確かに奇妙な物は見えますね。これ」

「奇妙な物？」

「どうも、言葉で表すのは難しいのですが。……実は、こういう鏡を使ったものにはおかしなことが起こりやすいんですよ。ああ、そうだ」

小渕氏が部屋の間仕切りを開けると、大きな姿見が置いてあった。

「合わせ鏡は御存じですよね。鏡に鏡が映り込んで、それが無数に続く。そして、その鏡の遥か彼方から何かがやってくるという」

「……都市伝説でありますね」

「僕も、子供の頃から興味があってよくやっていたんですが、さっぱり何事も起こらない。それで至った結論が、これは鏡自体が悪いのではないかと」

「……よく分かりません」

「一般的な鏡は裏面鏡と言って鏡の厚みの奥で反射するんです。光は表面のガラスで一旦屈曲し、奥で反射して、また屈曲して出てきます。ところが、万華鏡で使う鏡は表面反射鏡という特殊な鏡です。表面で直で反射します。ちょっとやってみましょう」

小渕氏は、同じような姿見を反対側から持ってきて据え置いた。

「これは両方とも、表面反射鏡で作ってあります」

奈月さんは、何でこんなことに自分が付き合っているのか訳が分からなくなった。

しかし、何故かその場を離れることができないでいた。

「合わせますよ」

その瞬間、鏡の中に無数の鏡の枠が湧き上がり、遙か遠くまで枠で作られた道が開けたように思えた。

枠が続く果て……そこに虹色の光点が現れ、その光を背景に誰かが走ってくるのが見えた。

「ああ……」

それは次々と枠を越え、次第に大きくなる。

「……美鶴子」

それは美鶴子だった。煌《きら》びやかなイブニングドレスを身に纏い、背景には七色のビーチグラスの奔流を従えていた。

光の輪舞の中、嬉々とした表情の美鶴子が凄い勢いで迫ってくる。

それが、いよいよ最後の枠に差し掛かったとき。

店の入り口が開いて、上気した表情の美鶴子が飛び込んできた。

「店に入ったら奈月が倒れているんだもの。吃驚したわよ」

小渕氏と一緒に高級レストランに行く約束をしていたという美鶴子は、ずっと御機嫌斜めだった。

「でもまあ、貧血じゃあ仕方ないわね」

暫く介抱され、気分も良くなったので辞去したが、店にいる間中、小渕氏は自分の責任です、考えなしでした、と平謝りだった。

美鶴子が勘ぐるので、いらぬことを言ってもらいたくはなかったのだが、とんでもない人物だということは十二分に分かった。

……しかし、とうとう美鶴子と小渕氏は結婚することになり、奈月さんの心配をよそに、今でも仲睦《むつ》まじく暮らしているということだ。

# 躾《しつ》け

箕田さんの祖母は滝江さんと言って、凛とした感じの人だった。

子供の頃は、夏休みの里帰りで両親と一緒に、滝江さんのいる実家に行くのが楽しみだった。

そこは広い民家で、自転車で行ける場所に海水浴場があり、近所には知り合いになった子供が沢山いた。

時期が来ると両親は仕事があるので帰るのだが、箕田さんはそのまま大抵居残ってしまっていた。

夏休みの前半は散々海に通って、あっという間に日焼けをして真っ黒になり、後半は地域の盆踊りに参加したり、釣りに行ったりして楽しんでいた。

何もすることがなくても、大抵近所の子が何か遊びに誘いに来るような環境だった。

小学四年生の夏休みのお盆過ぎの頃、箕田さんが一人で宿題の水彩画を座敷で描いていると、滝江さんが外から帰ってきてまっすぐ座敷へやってきた。

そして、室内を見回し、

「あれっ？」と言って首を傾げると、また踵《きびす》を返して玄関口のほうへ歩いていく。どうしたのだろうと追いかけてみると、玄関の三和土を見つめて、更に首を傾げていた。

何かあったのか訊くと、

「玄関戸を開けたら、子供のズック靴が七、八人分ぐらい、滅茶滅茶に脱ぎ散らかしてあって、てっきりあんたの友達が来ているんだろうと思って、あんまり行儀が悪いから、ちょっと躾けをしないといけないと思ったんだけど、誰もいないじゃない。……だから、見に帰ったんだけど、今度はそれがすっかり消えてなくなっているのよ」

と、話した。

ちょっと面白い話だったので、誰かの悪戯かもしれないと思ったが、滝江さんが玄関と座敷を往復したあの短い時間を考えると、とても靴を回収する時間はありそうになかった。

不思議ではあるが、滝江さんの勘違いかもしれないし、そもそもほんの些細なことでもあったので、夜になる頃には会話にも上らなくなっていた。

だが、二、三日して、今度は箕田さんの祖父がそれを見たと言い始めた。

夕方、釣りから帰ってきて玄関に入ると、やはり靴が脱ぎ散らかしてあり、荷物を運び込んで玄関に戻るとすっかり消えていたとのこと。

「オバケの仕業かなあ？」と、箕田さんが言うと祖父母は一笑に付したが、他に説明の付けようがないので黙り込んでしまう。

箕田さんはそこにある種の信憑性の高さを感じ、この家でそれを見ていないのは自分だけで悔しいということもあって、残り少ない夏休みをその現象との遭遇に賭けることにした。


玄関横には二階に上る階段があり、そこは結構涼しいので踊り場に居座って粘ってみた。

しかし、そういうことの常で、いつまで経っても全然何も起こらない。

更には、踊り場に本などを置きっ放しにしていたのを滝江さんに見つかってこっぴどく叱られた。

すっかり諦めて二階のトイレに籠もってマンガを読んでいると、座敷のほうから突然、

「あんた達！　人様の家に上がるときはちゃんと靴の向きを揃えて並べなさい！」と、滝江さんの大声がした。

慌ててトイレを出て階段から下を見ると、玄関口にばらまかれたようになっていた雑多な種類の子供靴がパタパタと勝手に起き上がって、綺麗に並び変わっている最中だった。

「スゲェ……」

そして、動きが止まるのと同時に、それらは靄《もや》のようになって消えてしまった。

「ばあちゃん凄い！　オバケを躾けた！」

と、見たことを報告すると、

「いや、誰かが座敷に上がっているんだろうし、言うべきことは言っておかないとね」

と、滝江さんは照れくさそうに笑ったそうだ。

靴はもう一度だけ現れたそうだが、その際はきちんと並べられて置いてあるのを滝江さんが見たとのことだ。

結局、この現象はこの年の夏休みの間だけの出来事だった。


が、十数年が過ぎて、滝江さんが亡くなった。

通夜は住んでいたこの家で行われたが、駆けつけた箕田さんが玄関に入ると、沢山の弔問客の革靴の類が底を上に向けて全部引っ繰り返っていた。

あの靴のオバケの仕業だとピンときて、このタイミングで不謹慎な、とむっとしたが、よくよく考えると、

「ばあちゃんに、叱ってもらいたいのかな」とも思えて、何だか不憫《ふびん》に思えたそうだ。
靴は弔問客の帰る頃には、また元に戻っていた。

# 轢《ひ》いた記憶

「……ええと、まだ飲酒運転が今ほど厳罰じゃなかった頃の話なんですが……でもまあ、当時でもそれは重大な規則違反なので、大変お話しし辛いのですが」

常習という訳ではなく、大変反省しており、以来飲酒運転をしていないということだった。冒頭に謝罪の意を表しておくという条件で、文章化を許可していただいた。

岩崎さんはその夜、居酒屋で飲んでいた会社の先輩達に呼び出された。妙に盛り上がっており、酒宴の終盤に急にカラオケスナックに行こうということになったらしい。

だが、地方都市郊外の田舎なので、店と店との間に距離があり、さすがにあからさまに酔っているので、新入社員の岩崎さんが標的になった。

「スナックで、別口で飲んでいたうちの女子も合流するってよ。いい機会だから、すぐに車を出してすっ飛んでこい」

携帯から、有無を言わせない口調でそう営業で鍛えた張りのある声がする。

翌日が休日だということで、すっかり寛いでいた岩崎さんだったが、いかにも体育会系の先輩らの顔を思い浮かべ、これは仕方がないと諦めた。

中古だが、気に入って買ったセリカGTに乗り込み、インタークーラー付きのエンジンを吹かす。

しかし、親から頭金を借りていたので決して事故る訳にはいかず、安全運転で居酒屋に向かった。

着いてみると、四人いる同じ部署の先輩方が何時になく泥酔してており、ドヤドヤと車内に雪崩れ込んでくると、

「これ3ナンバーかよ。金持ってるなー」とか、

「狭いぞ、こらぁ」とか、

「スバルのほうが良かったんじゃね？」とか、言いたい放題の感想を言われた。

そして、スナックに着くと既に私服の女子社員が、これも何時になく羽目を外して飲んでおり、岩崎さんは飲むつもりはなかったのだが、ちょっと好意を抱いていた子にやたらお酌をされて、つい口を付けた。そして、周囲のハイテンションに巻き込まれて、いつの間にかすっか

りできあがっていた。

酒も所謂チャンポンになってしまって、散々歌わされて時間が過ぎ、終いに潰れかけた。そして、気づくと周囲は既に引き揚げに掛かっていた。

岩崎さんは、置いてきぼりになりかけて、ふらふらと店を出た。

皆、それなりの手段で家に帰ったらしく、結局は一人での運転になる。

判断力も鈍っていたらしく、そのまま車に乗り、田舎道をすっ飛ばして帰宅した。


翌日の日曜日、正午前まで泥のように寝ていたが、携帯の呼び出し音で起こされた。結構長い間鳴っていたようだった。

猛烈な二日酔いで、頭が痛い。

目がどうにも開かないので、手探りで着信ボタンを押し、

「はい？」と、返事をすると、

「こちらは、岩崎さんの携帯でよろしいですか？」と、若い男性の声がする。

聞き覚えのない声なので、厭な予感がした。

「どちら様で……？」

「警察からなのですが」

ガッと、脳が一気に覚醒した。

「岩崎さん、昨夜は車を運転されましたか？」

「え？　ええ……」

夜、車を運転したかどうかの問い合わせ？

夕べ先輩達を迎えに行ったときのことは憶えている。しかし、スナックからの帰り道のことはあやふやだった。

待てよ。そう言えば、何か途中で左側から女のような影が飛び出してきたような……。

いやいや……。轢いていたら、幾ら何でも分かるはずだ。

「運転されて、今日は車を確認されましたか？」

何故か、タイヤに巻き付いた、血に塗れた女の髪の毛のイメージが強烈に脳裏に湧き上がってきて、岩崎さんは吐きそうになった。

……何でこんなに思い当たる？　ひょっとして、轢き逃げをやってしまった？

「……いえ、今日はまだ車庫のほうに行ってないので」

動悸《どうき》が止まらない。重大事故を起こして……俺は何もかもお終いなのか？

「そうですか……」と、電話の主は声を落として、

「申し上げにくいのですが、岩崎さんの車が盗まれて、今ドライブインに放置されているんですよ」

「ええっ！」

と、仰天したが、それよりも事故を起こしていなかったほうに安堵して、

〈良かった……〉と、魂が抜けるんじゃないかと思うほど全身の力が抜けた。

現場に来てくれと言われたので、タクシーで十五分くらいの距離にある、広い駐車場で有名なドライブインに赴いた。

長距離輸送のトラックが居並ぶその隅に人だかりがあり、岩崎さんの車を囲んでいた。

パトカー二台と白バイまで数台周辺に停まっていて、それなりに何だか大事件の様相である。

……田舎はこれだから、と岩崎さんはどこか他人事のように感じたという。

電話に出たときの轢き逃げの疑惑のプレッシャーに比べれば、何倍もマシだし、むしろ解放感があった。

セリカは白い塗装だったが、黒の缶スプレーで滅茶苦茶に落書きされ、更に朱色のスプレー

でその上から文字が書いてあった。

右側のドア周辺に「マ」、同様に左側には「コ」。ルーフ上にも何か書かれているということだが、すぐに想像が付いてしまい、岩崎さんはげんなりした。

警察の話によると、こんなことをやる不良グループが結構いるらしい。いつの間に目を付けられていたのか……。

岩崎さんは、多分昨夜は二時ぐらいに帰宅した旨を話した。恐らく、その後すぐに盗まれ、朝まで乗り回されて放置されたらしい。

その際に事故を起こされていなかったことが、せめてもの救いだった。

ちゃんと鍵は掛けたはずだったが、

「裁ちバサミの先を鍵穴に突っ込んで、ガキーンと力一杯回すと開くことがあるんですよ」と、親切な警察官が解説してくれた。

いずれにしろ、シリンダーは交換しないと駄目そうだった。また、弄《いじ》られている恐れのあるボンネット内部も点検しないと危険なので、親の代から付き合いのある自動車整備の会社に連絡をしたら、レッカーを出して対応してくれるとのこと。

車の内部の指紋は既に採取したが、当然持ち主のものが必要とのことで、その後最寄りの警察署までパトカーで送ってくれ、両手の全ての指紋と、掌紋まで取られた。

しかし、昨夜は先輩達が乗っているし、そもそも中古車なので誰の指紋がどれだけ付いているのか分かったものではない。

犯人が見つかるのかというと、警察の態度から相当見込みは薄そうだと感じた。

車のキーは、レッカー車が来るまで居残ってくれるという白バイ隊員の男性に預けていた。

声から、電話の主だと分かった。


その後は路線バスで自宅へ戻ったが、整備工場から連絡があり、エンジン等内部は明らかな異常はないことと、スプレーの落書きは拭き取りで大丈夫そうだと連絡があった。鍵のシリンダーも部品が手に入って、既に交換したとのこと。

一応、車体を機械に掛けて検査するので、明日の夕方以降に引き取りに来てくれとのことだった。

思っていたより早期に車が帰ってくることは、素直に嬉しかった。

翌日は出社日だったが、例の先輩の一人から電話があり、どこで知ったのか、

「車を盗まれたんだって？　災難だったな、明日の朝は俺が迎えに行ってやるよ」とのこと。

これも非常に有り難かった。

散々な日曜日だったなと、疲れ切ってその夜、床に就いた。

微睡《まどろ》んでいると、ふと警察との電話の際にイメージした、タイヤに巻き付いた血塗れの長い髪の毛が浮かんできた。

黒々とした背景に血糊《ちのり》だけがやたらと赤い。

――何でこんなものが。

寝返りをして、それを振り払うが、急に暗闇から女が飛び出してくる映像が見えて、「うわっ！」と声を出してしまった。

それもまた異常にリアルで、顔は靄が掛かっているようで分からなかったが、服装は冬服のセーラー服。臙脂《えんじ》のスカーフ。襟の線は三本であることまでが認識できた。

完全に目が覚めて跳ね起きたが、部屋の暗闇の中にそれが現実に現れそうで、瞬時に布団を引っ被って、理解不能な恐怖感と戦う羽目になった。

およそ一時間余りも、身に覚えのない事故のイメージの反芻《はんすう》に苦しめられたが、どこかで不意に楽になって睡魔に引き込まれた。

が、車で人体を跳ねる衝撃と、前方に吹き飛んだそれにタイヤが乗り上げる感触に襲われて目が覚めた。

既に朝だったが、何か丸いものを低速で轢き潰す感覚が身体に残り、厭な汗が出ていた。

……何なんだ？

よほどあのときの罪悪感と後悔と絶望が精神に堪えていたのかと思い、軽率なことはできないなと反省した。

寝起きから疲労感が物凄く、いっそ会社を休もうかとも思ったが、先輩が迎えに来ることを思い出して、仕方なく準備をした。


先輩の軽自動車の助手席に乗り込んだ後、早速いろいろ訊ねられた。

「車が無事だったのが何よりだな。いや、事故られなかったのが一番か。あれって、持ち主の保険に関わってくるんだろう？」

「車庫に入れていたから管理責任は大丈夫みたいですけど、どこかに放置していたりしたらヤバいみたいですね……」

車通りの少ない裏道をスイスイ飛ばしていくが、小さい車に慣れていなかった岩崎さんは肝が冷えた。

ターボ付きの流行の車で加速が凄い。両側に杉の木が生えた切り通しのカーブに差し掛かったとき、

「うわっ！」

急に先輩が急ブレーキを掛け、車体が派手にスピンした。

何となく走行中から、こんなことになる予感はしていた。昨日から運が極端に落ちて、変事が相次ぎ、これで命まで落とすのかと思った。

数瞬後、車は何とか停止した。

幸い、どこにもぶつかった衝撃はなく、巻き添えになった車もなかったが、

「ど、どうしたんですか？」

「……すまん。いや、急に横手からセーラー服の女の子が飛び出してきたように見えたんだ」

「セーラー服？」

岩崎さんは、ずっと前方を見ていたが、そのような姿は全く認識していなかった。周囲に人影はなく、先輩も狐に抓まれたような表情をしていた。

……少し考えたが、とても偶然とは思えない。

「……それって、冬服でした？」

「ああ。……今、夏服のはずだよな。何で分かるんだ?」

後ろから来た車が、クラクションを鳴らしたので会話は中断した。

そのまま二人とも無言で会社に着き、職場へ行くとあの夜一緒に車に乗った他の先輩達が、どんよりとした表情で机に向かっていた。

それとなく話を聞くと、二人とも「変な夢を見た」と言う。

それはセーラー服の女の子が出てくる夢か、と訊くと驚いて、血相を変えた。

「どういうことだ?」

「僕もその夢を見たんですが、何でなのか分からないんですよ」

出社時に軽自動車で事故を起こしそうになった話になり、

「これは……よく分からないが、俺達祟られているんじゃないか?」という結論になった。

どうも車絡みであると思われることから、また今朝のようなことが起こるかもしれない。とにかく、安全運転を心がけるよう示し合わせた。

そして、一様に、

「あのセリカが臭い」と、皆が思った。

退社後、先輩の軽で整備工場まで送ってもらった。岩崎さんを降ろすと、逃げるように去っていく。

受付で待っていると、携帯に着信が入った。

「はい？」

と、返事をすると、

「昨日お電話をした警察の者ですが」と言う。

あの白バイ警官だと分かり、犯人が捕まったのかと訊くと、そうではないと答えた。

「実は個人的に、気になったことがあって調べたのですが」

「個人的に？」

「ええ。ですから、警察官としての立場からではない話です。ここだけのことにお願いします」

「ええと？　どういった？」

「車に落書きがされていましたよね。赤い字のほうですが」

「ええ……」

「『マリコ』って」

「え？　ルーフのは『リ』だったんですか？」

『リ』ですね。写真もあるんですが、払いから、カタカナの『リ』です。……それで、被害者が『マリコ』という人身事故を調べてみたのですが、五年以内では一件該当しまして、昨年の二月初旬に十七歳の女の子が跳ねられて死んでいます。東北地方でのことですので、随分この辺とは離れているんですが、轢いたのが白のセリカGTなんですよ」

「……」

「で、加害者の方は元々何かの病気だったようで、半年もしないで亡くなっているようです」

「……では、僕の車はその事故車だと？」

「そこまで追跡はできないんですが、そうじゃないかな、ということです」

それでは、車を盗んだ犯人は、この車がその『マリコ』という高校生を轢いたことを知っていたということになるが、と言うと、

「当然、その辺も含めて捜査しているはずなんですが、偶然かもしれないと思われる公算もありますよね……」との煮え切らない返事だった。

「車のほうがそう書かせたという、突飛な考えもできないことはないですが……。科学的ではないことは無視されるんですよ。警察というところはですね」

暫くして呼び出され、車のほうへ連れて行かれた。

車体は綺麗になって艶光りしている。内部も異常はないということだった。

説明を続けようとしている整備主任という人を遮って、

「正直なところ、これって、事故車ですかね？」と、訊ねてみた。

主任は顔を一瞬曇らせたが、諦めたように、

「上手に直してありますが、グリルやフェンダーは交換してありますね」と答えた。

岩崎さんはずっと悩んでいたが、

「廃車にしてもらえますか」と、踏ん切りが付いて言った。

「ですよねえ……」

意外にも整備主任はあっさりと受け入れ、昨日から中に高校生らしき女の子が座っているのを、何人もが目撃しているのだと打ち明けた。

車は早々に処理され、変事は一応この時点で終わっている。

車を盗んだ犯人が捕まったら、何故「マリコ」と落書きしたのかを問い質したかったが、やはりとうとう捕まらなかったのだそうだ。

# 可哀相な井戸

八田さんは当時板前修行中の身で、地元福岡の日本料理店で働いていた。

行く行くは自分で店を持ちたいと考え、その際はジャンルに拘《かかわ》らず、経営優先で行くべきだろうなとは思っていた。

ラーメン店なんていいんじゃないか？　回転率もいいし、原価も工夫すれば抑えられるだろう。

方々評判のいい店を訪ねて分かったことは、自分みたいな食べ歩きファンが何人もいるということだった。

リピーター層の根っこはできている。きっと、これから流行るに違いないという確信があった。

……が、何より開業資金がそもそもの問題だった。

貯金は遅々として貯まらず、これではいかんなと煩悶《はんもん》していた時期のある日、料理店の社長に名指しで呼び出された。

「何だろう？」と思って事務所へ行くと、応接室のほうから社長に手招きされた。

「まあ座って」

「はあ」

あまりに胡乱《うろん》な表情をしていたらしく、ソファに先に腰を下ろした社長は苦笑いをして、

「いや、別に悪い話じゃない。……時々御利用下さる漆原社長を知っているよな？」

「ええ、勿論」

地元企業のオーナー社長で、美食家で有名だった。予約が入ると、食材の仕入れで八田さん辺りが駆けずり回ることになるのである。

さては、とんでもないものを食いたいとかいうオーダーがあったのか？　何だろう？　天然物のクエとか？　いや、それは以前お出ししたし……。

だが、全然話は違っていた。

「実は社長の甥っ子さん、お医者の息子さんなんだが、何でも田舎に行って一人で何か儀式をしないといけないみたいでな」

「……儀式ィ？」

聞き慣れない言葉すぎて、声が上擦った。

「家内秘のもので、何をするのかは教えられないという話だった。で、この甥っ子さんは大学

生なんだがまだ青っちろくて、どうも心許ないんで、誰か一人腕っ節の強い人間を付けてくれないかと頼まれたんだ」

「腕っ節って……」

それはまあ……ヤクザと掴み合いくらいはしたことはあるけれども。

「自分のところから出せばいいじゃないですか」

「事情はよく分からないが、身内から出したくはないらしい。口の堅い人間を、とも言っていたな」

「要するに、用心棒っていうことですか」

「まあ、そうだ。用心棒だな」

今の時代に、そんな言葉を口にするとは思わなかったので二人で一頻り笑った。

社長は急に身を乗り出して、

「しかし、これは君にとっていい話かもしれんぞ。何しろ漆原社長と漆原病院グループに顔が売れるんだ。漆原社長が直接スポンサーになった料理店は何軒もあって、しかも成功しているし、取引先銀行なんかにも口利きしてくれるんじゃないか？」

それは有り難い。渡りに舟だ。資金源ゲットだ。

と、いうことで八田さんはその話を引き受けることにした。

日当が出るとの話だったので、その辺りの条件の詰めと顔合わせをしなければいけなかったが、それから一向に連絡が来ず、

「どうも、話がうますぎだしな。そもそも、胡散臭いことこの上ないし、本気にするのも甘かった。……それとも何かあって中止か？」

と、店の終業後に包丁を磨きながら自嘲していると、がらんとした控え室の中からけたたましく黒電話が鳴る音がした。

社長からの電話で、例の件で明日の午後某所に行ってくれと住所を教えられた。

有名な高級住宅街で、何となくの土地勘はある。しかし、そのまま車で現地へ出発するかもしれないので、免許証と着替えを持っていくようにと言われたのには鼻白んだ。

運転手代も込みだったらしい。

しかも、泊まり込みなのか？

それを訊くと、多分四、五日掛かると言われたとの答えだった。

「現地に泊まれる家があるらしいから、長距離送迎という訳ではないようだが、詳しいことは

俺にも分からん」

儀式がどうとかいうところから、何をやるのかさっぱりで首を傾げざるを得ないが、ますます訳が分からない。

しかしまあ、車の運転でもしていないと、他に何か特別なことをやれと言われた訳ではないので、そんな長期間では身の置き場がない気もする。

まだ……言われていないだけなのかもしれないが。


翌日の二時過ぎ、ボストンバッグを下げて指定された住所でタクシーを降りた。

道路沿いに延々と白壁が巡らしてあって、上のほうから様々な庭木の一部だけが見えている。

それの途中がいきなり奥まっていて、表札も掛かった普通の玄関の造りが壁に埋まっていたが、それはどうも勝手口のようだった。

インターホンのボタンを押すとすぐに女性の声がして、用件を言うと「承っております」と答えた。

中へ通され、そのまま家政婦だというその女性に先に立って案内された。

「離れのほうへどうぞ」

家政婦？　一流料亭の女将みたいな物腰だった。

屋敷の内部も、広大な庭園ともう随分と歩いているはずの畳廊下、格天井《ごうてんじょう》の座敷とか……完全に大旅館か、そういう歴史的建築物のスケールである。

度肝を抜かれていると、池を跨《また》いだ渡り廊下があって、更にくねくねと曲がった先にある書院風の座敷に通された。

「こちらで、お待ち下さい」

隙のない所作で襖を閉められ、次は何が起こるのかと鯱張《しゃちほこば》って座布団に正座していたが、暫く経っても誰も来ないので足を崩した。

式台の上には何もなく、正面に目が行く。

目の前には本床があって、やや小さめの軸が一つ掛けられていた。

「……？」

どうも、床の間の大きさに対してアンバランスな気がした。近くに寄ってよく見るとそれは月と薄《すすき》の図のようで、何か賛が書かれてあったが、それはさっぱり読めなかった。

「吾心似秋月《わがこころしゅうげつににたり》……ですね」

振り返ると、いつの間にか襖が開いていていて上下ジャージ姿の長髪の若者が突っ立っていた。

「どうも、漆原清です」

「……あっ、八田憲司と言います」

こいつが噂のお坊ちゃんか、と思った。なかなかに人を食った感じである。

漆原は、床を背にしてさっさと式台の前の座布団に座った。付き従ってきたかのように先ほどの家政婦が淀みなく、その前にお茶を用意する。

八田さんも座り直したが、

「で、八田さんは、ぶっちゃけ枯れ尾花派ですか？」

と、いきなり漆原は切り出した。

「……えーと、何のお話で？」

「幽霊の正体見たり枯れ尾花って言うでしょう。後ろのあれですね。薄」

「つまり？」

「幽霊なんて信じない？」

「お話がよく……」と言い淀んでから、幽霊の話かあ、と記憶を巡らした。実は……何回かその手の体験があったのである。

「……あ、信じるとは断言できないが、そういうことはあった派なんですね。人に話すには機会もないし、ずっと内に秘めているんですよね？」

「……」

何だこいつは？　その通りかもしれないが、先読みしすぎるだろう。

「ちょっとそこの辺りが重要なので、確かめさせてもらいました」

「重要？」

「依頼した件ですけど、多分出ますので」

「出る？」

「はい。幽霊が出ます。出てから説明するのもアレなので、先に言っておかないとと思いまして」

何を言っているんだ、こいつは？

落ち着こう、と思ってお茶を飲んだが全く同じタイミングで漆原もお茶を啜《すす》ったので、何だか苛ついた。

「……要するに心霊案件なんですかね？」

「そういうことになります」

「祟りとかで、身の危険があると？」

「うーん、何年かに一度のペースでずっと親戚の一族がやっていた儀式なんですけど、結局皆ピンピンしているので大丈夫だと思いますよ」

「そうなんですか？」

「もっとも、皆古武道をやるような人達で、普段から精進潔斎ができているから大丈夫だったのかも。お前もそろそろ性根を入れろとか言われましてね。押し付けられました」

……それは全然駄目ではないか。

と、思ったので八田さんはこのまま話を断って辞去しようかと思った。

……が、俄然興味だけは湧いてきてしまい、席を立ち損なった。

心霊に関する体験譚を希《まれ》に耳にすると、メモにして残しておくのが少年時代からの密かな趣味だった。

その神秘に惹かれる性分というのは、このところすっかり忘れていたが、急に何かの波が押し寄せてきたような気がして、抗しきれないな、と思った。

そのまま日当の話になったが、五日分で八田さんの一月分の給料くらいの額があった。

危険手当の意味があるのではないかと思い、素直には喜べない。

そして、車に積み込んでいく荷物のリストだと言うものを見せられた。

鎌数丁。……まあ、死者の枕元にそれを置く風習のある地方も確かどこかにあったような気がしたので、儀式とやらに使うのかと思ったが、次の項に草刈り機とあった。

「草刈り機？　草を刈るんですか？　鎌もそれ用？」

「ええ。薄が沢山要るんですよ」

「儀式に？」

「ええ」

どんな儀式だよ、と思ったが、そうなると替え刃や燃料の混合油。作業用の服や安全靴も必要なのではないか。

そう言うと、足らない物は途中ホームセンター等で買い揃えればいいだろうと言う。

機械自体はあるとのことで、手巻きウインチも必要なので既に用意してあるが、その動作チェックもするようにとのことだった。

自分は料理人なのでそういう作業は不得手だ、と言おうとしたが、八田さんは仕事を点々としていた時期があって、そのどちらも扱った経験があった。

ひょっとして、既に調べが付いていて、念入りに人選されたのかもしれないぞ、と思い付き少し気味が悪くなってきた。

「今から荷物チェックと積み込みをやってもらって……今日出発してさっさと済ませようかと思っていたんですけど……明日の朝からに変更しましょうか」

この調子で連れて行かれたら堪らないな、と思っていたのでそれは賛成だった。

「睡眠不足気味でしてね。今からじゃ、ちょっと辛いかな」

「大学の勉強が大変なんですか」

「いえ、ファミコンのやり過ぎで。知ってます？　ファミリーコンピュータ？」

……段々、この青年の何かが分かってきた気がしたので、それ以上は何も言わず、夕方まで必要物品の準備に専念した。

積み込んでいく車は、十年落ちのボルボのステーションワゴンだった。車庫の奥で埃を被っている様子だが、手前側にはピカピカに磨かれたベンツが三台も並んでいる。

お抱えの運転手という人からキーを預かって、移動させ庭の片隅に停めた。

幸い右ハンドル車だったので、運転自体はスムーズに行えた。

重たい機械類を積み込み、紐とかワイヤーとか、祭壇も拵えるらしく榊立《さかきたて》や瓶子《へいじ》、八足台等の神具も段ボールに詰まっているのをチェックしてから後部の荷室に運んだ。

作業を終えた頃に、あの家政婦さんが庭まで来て、

「夕食は何にしましょう？」と訊いてきた。

「え？　今日は一旦帰ろうかと」

「客間の準備をしておくよう仰せつかっておりますが」

……さては気が変わらないように帰さない気だな、とは思ったが、指示された家政婦さんが気の毒になった。わざわざ食事を作ってもらうのも気が引ける。

「じゃあ、店屋物でいいですよ。カツ丼とかで」

「承知しました」

風呂を勧められて、巨大な檜《ひのき》の浴槽に浸かる。

いちいちこの家の財力には呆れるが、それと心霊とか謎の儀式との結び付きがよく分からない。

ひょっとして金運を招くという座敷童《ざしきわらし》でも飼っているんじゃないかとか、そんな馬鹿なことを思い、着替えをして出てくると、最初の部屋と違うところに食事が用意してあった。

座卓の上に、丼と吸い物、箸置きと塗り箸、漬け物の小鉢が置いてあるのだが二人分ある。

漆原も来る？　まあ何日か同じ釜の飯を食うのだから、親睦を深める気なのかもしれない。

……あれ？　するとその間、俺が奴の飯を作るのか？　だから料理人？

……どこまでも合理的だな。と、溜め息をついて座布団に座った。

そして、目の前のカツ丼を見る。

「……この器」

どう見ても有田焼の高級品、染錦山水のもので、その辺の大衆食堂では絶対に使わないだろう。蓋を開けてみると、分厚いロース肉が明らかに高度な技術で揚げられ美しく捌《さば》かれてあった。卵の色味も出汁の香りも違う。

……多分これは、どこかの一流料亭の料理人に無理を言って、普段作らない庶民食のカツ丼を拵えさせた体のものだ。

かえって手間だったろう……。俺がカツ丼と言ったばっかりに？

至高のカツ丼を前に呆れかえっていると、入り口から浴衣姿の漆原がふらふらと入ってきた。

そして目の前に座ると、カツ丼の蓋を開け、いきなりカツの左から二片目を箸で口に放り込んだ。

ムシャムシャと咀嚼《そしやく》し、

「……なるほど、なるほど」と言ってまた立ち上がると、うんうん頷きながら部屋を出て行った。

そして、それっきりである。

……そりゃあ、その辺が一番うまいのを知っている美食家がそんな食べ方をするけどなあ！

本当にそこだけかよ！

八田さんは、一遍で漆原のことが嫌いになった。


翌朝は、出発をホームセンターとか食料品を買う為のスーパーの開店時間に合わせたので、のんびりと朝寝ができた。

そして、ようやくといった感じで漆原が現れ、家政婦さんに見送られて車を出した。

漆原は、後部座席にふんぞり返って目を瞑っている。相変わらずのジャージ姿で、行程を書いた紙を手渡した後は、随分寝たろうに明らかに居眠りをしていた。

話しかけられても、多分イライラするようなことしか言わないのに違いないので、それは有り難かったが、今から何をやるのかという情報は未だに欠落していた。

ただ、目的地は分かった。

筑豊地方の外れにある山の中である。

距離だけを考えると、多分一時間半もあれば着いてしまうので、泊まりがけにする必要性が得心できなかった。

途中、道路沿いの店舗で必要物品や食料品の買い物をしたり、漆原が自販機でコーラを買いたいとか言い出して散々道草をしたが、予定通りの時間に、予定の住所に着いてしまった。

農家の造りの古民家で、作業用の広い庭がある。儀式の宿泊に使う家なのだという。

それだけの為に？　とは思ったが、もはや驚く気も失せていた。

庭に車を入れ、漆原が降りて玄関の鍵を開けた。中を見回し、

「ブレーカーは、どこだっけ？」と、頼りないことを言った。

それはすぐに見つかった。取り敢えず食料品を台所の冷蔵庫に運び入れた。

電気が通って、冷気が通い始めたのが分かった。

見回すと、広めの台所で他の部屋も綺麗に片付いていた。自分の家より、遥かに住み心地が良さそうだ。何年かに一度しか使わないなんて、やはり罰当たりだろうと思った。

「儀式をする場所は、ここの裏手なんですよ。ちょっと行ってみましょう」

漆原の後を追って、山と山の間へと続く狭い道を辿っていくと、途中側面に木枠でステップが作られた緩い上り坂があった。

斜面のステップを更に上っていくと……。

裏側は一面の薄の野っ原になっていた。山裾のほぼ全部が日差しに煌《きら》めいて、なかなか見事な眺めだとも思える。

「綺麗ですけどね。夜見ると少し気味が悪く感じるんですよ、薄の群生って」

まあ、確かに普段夜中に薄の野っ原に来る機会はないから、そんなふうに思えても仕方がない気がする。

穂が人の手に何となく似ているからだろうか。

「あそこの、少し盛り上がっているところに何かあるでしょう」

「ああ、あれ」

傾いた石碑のような物が頭だけ出していて、二つ並んでいる。

「……うーん？　門柱？」

「正解。あそこにはかつて結構大きな家が建っていたんですよ。全部取っ払われて、今残っているのは、あの門柱と井戸だけですね」

井戸？　こんな山の中に？

……いや、山の中だから必要なのか？

「離れた位置に二つ井戸があって、一つはとっくに埋め戻されているんですが、もう一つがそれができていないんですよねえ」

「……何かがあって、祟っている？」

飛び込み自殺でもあったのだろうか。

「昔の人は、自死の際に何故か井戸に飛び込んだと聞くけどな」

「祟るというより、多分怒っているんだと思います」

「……どう違うんだ？」

「祟っているのは、あそこの主人だった渋沢という老人で、話によると敷地の一部に入ると霊的な悪さをしてくるみたいです」

「……誰の幽霊か特定できている話なんて、聞いたことがないぞ」

「偏屈老人で、ずっと一人暮らしだったので、彼しか該当者がいないんですよ。……それにしても八田さん、心霊に随分とお詳しそうですね」

「少し興味があるだけだ」

「ふぅーん？　僕と同類なんじゃないですか？」

同類の意味が分からなかったが、それは何というのか、取り返しの付かない人生を送る人間のようで、認めるのはまっぴら御免だった。

正午を回り、漆原が腹が減ったと言い出した。八田さんは仕方なく湯を沸かし、アーリオ・オーリオ・エ・ペペロンチーノを作った。

具材の乏しさから「絶望のパスタ」とか「貧乏人のパスタ」と呼ばれるアレだ。

金持ち坊ちゃんへの反発から、こういう貧乏食しか作ってやる気はなかった。……のだが、「これ、ムチャクチャ美味しいですね！」と、絶品カツ丼を一切れしか食わなかった男が凄い勢いで掻き込んでいるのを見て、とても複雑な気分になった。

腹拵《はらごしら》えが終わったら薄を刈ってくれと言われ、買ってきた作業服に着替えた。草刈り機と鎌を携行して、あの野っ原へと向かう。

井戸の周囲の薄を刈って、場所を作らないといけないらしい。……ということは、例の儀式の中心となるのは、やはりまだ埋め戻されていないというあの井戸なのだろう。

……ならば目的は、井戸仕舞いをするということなのか？

午前中に、下見は済ませていた。

銀色の薄の穂を延々と掻き分けていくと、自然石を井形に組んだ大きな井筒が現れた。

長方形の重いコンクリート製の蓋二枚で、上面は隙間なく塞がれている。

隙間があったとしても、覗く気にはならないだろうが、その中に空間があると言うだけで、どうにも気味が悪い。

草刈り機のエンジンを始動させると、その爆音で周囲が気にはならなくなった。

暫く集中して刈り込んだが、思ったより薄の葉や茎が勢いで散乱してしまう。つまり薄の穂先などは、稲刈りした後の稲のようには揃わなかった。

株の密集しているところなどは、何度も刃先を突っ込むので粉砕と言って良いような状態になってしまった。

例の儀式で、その穂先の揃った薄の束がいるという話だったので、甘く考えていたがそれはそれで鎌を使って用意しないといけないということが分かった。

草刈り機があるのに何で鎌が必要なのか少し疑問だったが、そういうことらしい。

また、井戸から十メートル程離れたところに、これは比較的新しいコンクリート製の電柱がポツンと立っていた。多分一番小ぶりの物で、ボックスが付いていて中には野外用コンセントが設置されていた。電線は盛り上がった斜面すれすれで、道のほうにある電柱から曳《ひ》かれていた。

なるほど、明かり取り用か、と納得する。こんなところで焚き火なんかしたら、あっさり一山丸ごと焼けてしまうことだろう。

二時間余りも精魂込めて刈り込んでいると、井戸の回りに円形のちょっとした広場ができあがった。薙《な》ぎ倒された薄は、その広場の外の一箇所に運んで山盛りにする。

次にステップの場所まで道を作り、一息ついてから今度は鎌で薄を刈り、見栄え良く束を作った。

それが十個ほどできあがって、日が傾きかけた頃、漆原が神具の入った段ボール箱を抱えて姿を現した。

「へえ、こんな短時間でここまでやっちゃったんですか」

汗だくで、さすがにへばっていたので八田さんは返事をする気にはなれなかった。

「そこの井戸は、気になりませんでしたか？」

「……まあ、気味は悪いが、日差しが強いしな。明るいところで見るとただの石の塊だ」

漆原は、八足台を井戸の前に据えながら、

「多分、今から僕が井戸仕舞いをするのかと考えたでしょう？」と、ニヤニヤしながら言った。

「……違うのか？」

「この井戸も、最初は井戸仕舞いの手続きを踏んで、節を抜いた竹を息抜きの為に周囲に打ち込んだりしていたんですが、それはあっという間に腐ってしまって、それじゃあ駄目だということになったんですよ。で、今のやり方になったんですが、これからやることと言うのはこの井戸を井戸に戻す儀式なんですよ」

「何だって？」

全く意味が分からなかった。

「僕達は普通の井戸になってもらえれば、それでいいんです」

「……じゃあ、そこにあるそれって、一体何だって言うんだ？」

漆原は急に黙りこくって、堪らなくなったという感じでくすくす笑いをし、

「厭だなあ、やっぱりそこは真相を推理し怪奇を発見するのが心霊マニアの妙味ってものじゃないですか。だから、是非推理して下さいよ。これが一体何なのか」

誰が心霊マニアだ！　……と叫びそうになったが、しかし、妙に心が惹かれているのを八田さんは自覚していた。

夜になり、問題の儀式とやらが始まった。

井戸の周辺にケーブルを繋いで、家の倉庫にあった投光器を二基設置した。しかし、本体の

みで、締め付け金具もなかったので地面からの上向き設置である。

そうすると真っ暗闇の中で、光の加減なのか物が動くと奇妙な影が舞った。

「では、儀式を執り行います」

漆原がそう厳かに言ったが、格好はジャージ姿のままなので全く様になっていない。ただ、手には神主が使うような大幣《おおぬさ》を持っている。

祭壇には粗塩と昆布、それに三枚束ねられたスルメイカが捧げられていた。乾物ばかりで少し貧相ではないかと思ったが、漆原が突拍子もない声で祝詞《のりと》らしきものを唸りだしたので思考が中断された。

幸い、それはすぐに終わり、

「では、井戸の蓋を開けて下さい」と、言われた。

頷いて、ウインチから伸びたワイヤーの端を、井戸の蓋に付いている金具に引っ掛ける。

ウインチの反対側からもワイヤーが伸びており、それは電柱に巻いて固定してあった。

ウインチは本体にハンドルを突っ込んで、漕ぐようにして巻き上げるタイプのものだった。

操作を行っていると、やがてウインチ本体は浮き上がり、ワイヤーが引き絞られて井戸の蓋がズルリと動きだした。

じわじわとそれは動き、三角形の隙間ができた。

「その辺でいいでしょう。では、薄を投げ込んで下さい」

「え？　井戸に放り込むのか？」

「そうですよ？」

そんな用途なのか？　何の意味があるんだ？　と、疑問が頭の中で渦巻いたが、言われた通りにそれを抱え上げて投げ込んだ。

隙間から中の暗がりが見えるのだが、闇が井戸の縁まで盛り上がっているようで気味が悪い。用意してあった束の全てがなくなると、漆原はまた何かムニャムニャと奏上し、一礼して、

「今日はここまでです。お疲れ様でした。こんなふうに薄を使うので、また刈り取っておいて下さいね。井戸の蓋は、全部終わるまでそのままでいいですよ。じゃあ、僕はこれで」

と、早口で言い、さっさと家のほうへ戻っていった。

八田さんも、早く帰って風呂に入って寝たかったが、しかし後片付けがある。

暫く晴天が続くという予報が出ていたが、投光器は朝露に濡れるとまずいかもしれない。ブルーシートに包んでおけば大丈夫だろうと、懐中電灯を点けてその作業をしたが、そういえば祭壇もそのままにしてあることに気が付いた。

舌打ちをして、大きめの皿に捧げ物を纏めていると、祭壇の上に置いた懐中電灯がくるりと動いて、光が手元から井戸のほうへと向かった。

「え？」

正面を見ると、白っぽい、恐らく小袖を着た女の上半身が井戸の上にあった。

長い髪が濡れたように光り、蒼白い相貌が恨めしげに八田さんを見つめていた。

顔立ちは現代的に整っていたが、井戸の狭い隙間から身体が現れているようで、明らかに人間ではない。

八田さんは顎が外れるかと思うほど口を開いたが、悲鳴も何も出なかった。懐中電灯を引っ掴むと、文字通り倒《こ》けつ転《まろ》びつしながら細い道を走って、家へと帰った。

玄関を壊しそうな勢いで転がり込み、さすがにその物音に驚いたのか漆原がインスタントラーメンの丼を持って、それを啜りながら出てきた。

「どうひました？」

「で、出た！」

「出た？」

「井戸から女の幽霊が出た！」

漆原は、瞬間何か考えて、ラーメンの切れっ端を啜り込むと、訳の分からないことを言った。

「それは良いものを見ましたね」

「ええっ？」

「それに、それは幽霊じゃないですよ」

八田さんは思わず激高した。

「じゃあ、何だって言うんだ！」

「凄い美人だったんじゃないですか？」

当たっていたので二の句が継げなくなった。

口をパクパクしている八田さんに向かって、

「特上のヒントが現れたお祝いに、もう一つヒントを差し上げましょうかね。……井戸に放り込んでいる薄ですけど、あれは薄は『濯《すす》ぎ』に通ずるということで、古くからの浄化の意味を持っている呪いなんです。……もう、あの井戸が何なのか分かってきたのではないですか？」

……幽霊じゃない？

……分からない。

……井戸の正体なんて、さっぱり、分かんねえよ。

と、八田さんはへたり込みながら毒づいた。

翌朝、八田さんは跳ね起きると、朝飯を作りながら一心不乱に考えた。

大体、あの井戸は何だ？

井戸じゃないって言うなら、一体あれは何だ？

俺は、何をやらされている？

そもそも、ここはどういう場所なんだ？

記憶を辿ると、何かの跡地だと漆原が言っていたことを思い出した。

……確か、渋沢とかいう老人の住んでいた家があったって話だったよな。

……そうすると、一つの家に二つも井戸は必要だったのか？

……大体どこまでが、その敷地だったんだ？

卵焼きを焼いていると、明らかにその匂いに吊られて漆原が現れた。そして、当たり前のようにテーブルに着くと、他のおかずと一緒に並んでいる味噌汁を凝視しだした。

「この具は何ですか？」

「麩《ふ》だよ、麩。一番安い奴を選んでおいた」

「それは御丁寧にありがとうございます」

寝起きで頭がよく回っていないらしく、そう礼を言うと茶碗を持って黙々と食べ始めた。

その幼児めいた顔を見ていると、昨夜見た女の正体を聞き出したくて堪らなくなったが、それは癪《しゃく》だったし、またはぐらかされそうな気がした。

なので、遠回しから攻めていくことにした。

「あの井戸は、渋沢とかいう人の家の付随物なのか？」

「そうですよ。もう一つは家の中にありました」

「あの門柱の辺り？」

「そうです。入ってすぐ右側の辺りが台所だったようですね。当時では最新式のちゃんとしたポンプ付きの井戸で、生活用水は全てそこで賄っていたとか」

「全て賄っていた？」

それなら、あのポツンとある井戸はいらないではないか。

「その渋沢っていう人物は、何者なんだ？」

「……これって出汁巻きじゃないんですか？」

「砂糖だけだ」

「美味いですね。……渋沢家は、僕から見ると説明が難しいくらい遠い親戚なんですが、うちは三代ほど遡ると、ここで経営されていた炭鉱に一族の出自がほぼ全て関わってくるんですよ。渋沢本家は、今は家系が絶えてしまっていますが、その最後の当主だったのがあの井戸の家の持ち主です。渋沢勲という人ですね。生涯結婚せずで通して、子孫はいません」

「何をやっていた人……炭鉱経営か」

「でも、安値で売却しちゃったんですよ。結構大きなヤマだったらしいんですが」

食べ終えた漆原はお茶を啜って、

「四十代で隠居しちゃって、七十過ぎまでずっと館で引き籠もっていたって話です」

「それこそ、そんな長い間、こんな山の中で何を……」

そう言いかけたとき、漆原が嬉しげにニヤリと笑った。

「それがですね。民俗学研究なんていうふうに伝えられているんですが、僕はどうもそれに託けた、本格的な心霊研究だったんじゃないかと思うんですよ」

「心霊研究？」

「我々の先達ですね」

……先達って。……我々？

「でも、民俗学ってあちこち回って調査やら聞き取り……フィールドワークだっけ？　……を、やるもんじゃないのか？　引き籠もっていたのならできないんじゃ」

「そりゃあ、一歩も外に出ない訳じゃないですし、数人程度ですけど付き合いのあった人もいたみたいですよ。その友人らとの降霊会のときのものらしき写真が何枚か残っているんですが、他に霊媒師を家まで呼んだりして、多分結構なお金を使っていますね。けれど、そんなふうな状況証拠だけで、具体的な資料が残っていないのがつくづく残念です」

「残っていない？」

「館は火事で燃えちゃって、長年掛けて蒐集したであろう貴重な資料が消滅しました」

「何でまた」

「渋沢さんは、最期は焼身自殺をしたんですよ」

「焼身自殺？」

「火事の前に遺書が投函されていて、それによると渋沢さんはとても頑固な皮膚病を患っていたんですが、それを苦にしたようです。子供のときからずっと病に悩まされていたそうなんですが、歳を取って気が弱ったんですかねえ」

「確か、前にその渋沢老人が化けて出るというような話を聞いた覚えがあるが、自殺なのに魂魄《こんぱく》が留まるような心残りでもあるのか？」

「……それが不明かつ問題なんですよねえ。親戚一同としては、一族繁栄の原資を作ってくれた大恩人な訳で、何とか鎮めてあげたい訳ですよ」

原資？　……炭鉱の売却先が何となく分かった気がした。

しかし、それなら儀式を行う先は、その渋沢老人のほうではないのか？

何故、あの井戸に対して……？

……あの、女のいる……。

この日は主な準備というのは、薄の束を作ることだけだったので、午前中早々にそれを済ませて、付近の探索に行ってみた。

あの井戸の傍にはできるだけ留まりたくなかったこともある。昼間に見る分には、やはり特別おかしな様子もないのだが、まだまだ昨夜の記憶は鮮明だった。

歩を進めても、見渡す限り誰もいない。

渺々《びょうびょう》と薄が丘の斜面に沿って群生し、薄柔らかい風に靡《なび》いていた。

この荒涼感は、いつかどこかで感じた覚えがあった。

「……ああ、そうだ」

まるで風景は異なっているが、青森の恐山で胸に残ったものと同じだと思った。

鎌で行く手の茅《かや》を払いながら丘を登っていくと、建物の基礎部分らしき遺構がそこかしこにあって、生活の痕跡があった。

礫《れき》が多く幾分草の勢いが少ない部分には、鮮やかな青色の装飾タイルの塊が不意に足元に転がっていたりして、贅沢な造りであったことも推察でき、歩き回ってみた感じで、結構な規模であったことが分かってきた。

……確か、門柱の右側に井戸があるとか言う話だった……。

近くに寄ってみると思いのほか巨大な石柱で、頂部には彫刻も施されており、かなり立派なものだが何の石材だかはよく分からなかった。しかし、灰白色の地に赤茶色の火紋めいた模様がそこかしこに走っていて、ひょっとしたら火事の痕跡かもしれないと思った。

石の肌理《きめ》にそんなものが残るのかどうかは、よく分からなかったが……。

そこから屋敷の内部方向を眺めると、右手に植生が少し変わった部分があった。ツタのような植物が渦を巻いて塊になっている。

水気があるから、そこだけ少し違うのだろうと思い、井戸の跡だろうと確信した。

近づいて草を刈り取ってみたが、井筒は取り払われて跡形もなく、周辺と同じ高さに綺麗に地均しされていた。

目ぼしいものは何もなく、仕方なくそのままぶらぶらと奥方向へ歩いていくと、不意に右の二の腕が痒くなってきた。

「……？　痒いな」

最初はそうでもなかったが、徐々に尋常ではない痒みになっていく。

これは、毛虫か何かが服の中に入っているのではないかと思い、作業服の上着を脱いで払ってみたが何もいない。

腕を見ると真っ赤に腫れ上がり、蕁麻疹《じんましん》のようになって台形の大きな丘疹《きゅうしん》ができていた。虫に刺されたような痕はなかった。

——しかし、それにしても痒い。

堪らず左手で掻いてしまう。漆原のいる家に何か付け薬がないかと思い、早足で戻った。

途中ずっと掻き毟っていたので、着く頃には左手の爪から掌までが血塗れになってしまっていた。

しかし、そのようなことがどうでもいいくらいに猛烈に痒かった。

痒い痒い痒い。

痒い！　痒い！

途中から必死に走っていた。

また玄関口から飛び込んで、薬がないかと死に物狂いで戸棚を掻き回していると、漆原が今度は何時になく深刻げな表情で姿を現した。

「痒み止めの薬はないか？」八田さんは、声を嗄らしてそう叫んだ。

「渋沢さんにやられましたね。薬は効きません」

「渋沢？　効かない？」

「霊障なので……」

漆原は、何故か台所のほうにチラチラと視線を走らせている。

八田さんは、もう痒みのストレスで頭がどうにかなりそうだった。いっそ、腕をガスコンロの炎で炙ってしまおうかと、よろよろと動きだしたとき、漆原が柱から何か剥いで、それをそのまま八田さんの血塗れの上腕に押し当てた。

途端に、痒みが引いた。

「効きましたか？」

「効いたが……何だそれ？」

台所の柱に貼ってあった黄ばんだ火乃用心札で、相当古いもので劣化しており八田さんの傷口の血を吸って、すぐにボロボロに崩れていた。

「火防開運の他にも、厄除、家内安全、商売繁盛の御利益があるはずなので、ひょっとしたらと思いまして」

「……これは厄なのかよ」

黙って傷口から、ゴミのようになったそれの破片を取り除いた。

「渋沢さんは、十代から乾癬《かんせん》に悩まされていて、ずっと痒みで鬱傾向だったそうです。今でもなかなか治らない頑固な皮膚病なんですが、碌な薬のなかった当時では、相当難渋したようですね。あまりに痒いので、患部に焼け火箸を押し当てようとして、親から押し留められたなんて話もあるようです」

「……それを、やったんじゃないかな」

「え？」

「それをやって、満足して、ついでに自分から何から全部燃やしちまったんだよ。痒みに取り憑かれて……気持ちがよく分かった」

「渋沢さんは、満足して死んでいった訳ですか？」

「正確に言うと、ずっとそれをやりたかったんだ。けれど、気掛かりがあった。しかし、それが達成されたので、心置きなく焼けた火箸で痒みとおさらばした」

「でも、件のごとく成仏していない訳で」

「……そうなのか？　あの薄っ原をうろうろしていて思ったんだが、あの場所はほとんど『あっち側』に近いいんじゃないか？　まるで霊場だ」

「おおっ！」と、漆原が心底驚いた声を上げた。

「とうとう辿り着きましたね。さすがだ」

「どういうことだ？」

「今夜分かりますよ。あの井戸が何なのか」

夜十時、投光器の明かりの中に、井筒が照らし出された。

晩飯のそぼろ白滝丼を二杯も完食して元気一杯の漆原が、大幣をバサバサと振り回しながら現れ、また手抜きっぽい奏上をやるのかと思っていたが、今日はそれなりに厳かな発声をしている。所々語尾を波打たせて、何だか力が入っていた。

右腕に巻いた包帯のせいで、そこがつっぱらかって、気持ちが悪い。痛みは引いていたが、傷が新しいせいでどうも落ち着かなかった。

しかし、取り敢えずやることはないので、もじもじしながら突っ立っているだけだ。

井戸からあの女が出てきて、漆原を引き摺り込んだらいいのに、と思いながら祝詞を聞いていると、

「薄をお願いします」と、合図が出た。

すぐに束にした薄を井戸の蓋の隙間から押し込んだ。

だが、腕がうまく動かないので作業ペースが遅い。その為、前回は気が付かなかった、薄が井戸の底に着底する音が聞こえた。

最初は「バサッ」と言うような、泥か土の上に落ちる音だったのだが、十束目くらいから、ポチャンと水音が聞こえるようになった。

そのことを漆原に言うと、

「本当ですか?」と、傍で聞き耳を立てた。

最後の束を落とす。

「……本当だ」

二人で、明らかに溜まった水の中にそれが落ちた音を聞いた。

「これは、ちゃんと井戸に戻ってきていますね。良かった良かった」

「涸《か》れていたということか？」

漆原は、すぐにそれには答えず、井戸に向かって終わりの挨拶をすると、向き直って、

「涸れていたという訳でもないんですよ。……渋沢さんは、どうも『境界』に興味があったようなんですよね」

「境界？」

「この世とあの世の境界ですね。例えば京都の鳥辺野《とりべの》は葬送地として有名ですが、かつては『あの世』だったんですよ。そこと現世との境界が『六道の辻』。今は六道珍皇寺が建っています」

「ああ、確か小野篁《おののたかむら》が冥界に通っていたという……あっ！」

漆原はニヤリと笑って、

「閻魔大王に仕える為に使った『冥途通いの井戸』と『黄泉がえりの井戸』がありますよね。そして、ここのような薄っ原も、かつては『境界』とされていたんです」

「じゃあ、そういう場所に、そういう用途の井戸を作った？」

「多分、あの世に行くというよりも、単純に幽霊が出やすい場所を作りたかったんだと思いま

す。見てみたかったんでしょうね。……けれど、どうもうまくいかなかった」

「何で分かるんだ」

「確か、昔の人は自死するとき、よく井戸に飛び込んだというようなことを仰ってましたよね？

何故だと思いますか？」

「……井戸の底に『境界』を感じていたということか」

「ですね。手っ取り早く『あの世』に行ける訳です。井戸は、家の中で『境界』を感じられる代表的な場所でした。……ところで、もう一箇所家の中に『境界』があるんですが、それはどこでしょうか？」

「え？」

漆原は、ここがキモだぞという感じの不気味な笑みを浮かべて見つめている。

「それは……」何だか息切れがしてきた。

答えは思い付いたが、どうしても口から出てこない。

「しかし、そんな……」

「渋沢さんは、つまりその二つを合体させたら境界と境界がぶつかって、素通しになっちゃうんじゃないかと考えたんですよ」

「タブーだろう」

「タブーですね」

「井戸と便所を合体させたのか……」

「正解。実は、この井筒の上には屋外便所が建っていました」

「しかしそれは……」

「便所というのも、昔のは穴を掘って便壺を埋めて作られましたよね。その中は汚物で満たされ暗く不気味で正に異界みたいなものでした。家内行事でも、井戸の水神と便所の厠神は特に大事にされてきましたからね」

「……」

「『井戸便所』と言うものはあるんですよ。しかしそれは、用を足した後に井戸で汲んだ水で流すもので、大きなお寺……確か高野山にあるんだとか。けれど、これは直接井戸に用を足すもので、謂わば『便所井戸』です。明確な資料はないんですが、聞き及んだところでは中世ヨーロッパに似たような事例があったとか。地下水が気長に汚物を洗い流してくれる感じですかね」

「地下水を汚染するだろう」

「だから普通はやらないですよね」

暫く沈黙が続いた。

「……なるほど、井戸が怒る訳だ」

「多分、幽霊は出まくったと思いますよ。渋沢さんはそれに満足したのか……追い詰められたのかよく分かりませんが自死して、後にはこの広大な忌み地が残りました。……これができた後っていうのは、石炭産業が崩壊して地域経済もどんどん衰退して」

「おいおい、そんな壮大な話なのか」

「みんなそう疑ったから、連綿と浄化を続けてきている訳です。それに、この土地も利用価値が欲しい。このままだと、ただの幽霊の遊び場です。……渋沢さんも、成仏していない訳じゃなくて、魂魄がここで遊んでいるだけなのかもしれませんね」

翌日から三日間、同様の儀式を続けた。

事情が分かってからは、雰囲気が一変し、妙に厳かな感じになった。

薄の束を投げ入れるたびに、水量が増えてきているようにも思える。

最終日、ウインチで井戸の蓋を戻していると、

「この井戸から女が現れたと言ってましたよね」と、漆原が言った。

「ああ、あれには驚いた」

「何だったと思います？」

「正体が分かるのか？」

そう言えば、あれは幽霊ではないと漆原は言っていた。

「お婆ちゃんとかから聞きませんでした？　トイレの神様は、えらく別嬪《べっぴん》だって」

「え？　……あれって……厠神なのか」

「仏教だと烏枢沙摩明王《うすさまみょうおう》なんですけどね。けど、民間ではそういう話です。後者で良かったですね」

「厠神が出るってことは、まだ便所なのかこれは。……えらく、ふて腐れている感じだったが」

「まだまだですかね」

「井戸の神って、誰になるんだろう？」

「水波能売神《みずはのめのかみ》という女神ですかね。……ところが面白いことに、この神はイザナミの排泄物から生まれているんですよ」

そのとき、井戸の蓋が完全に閉まる直前、井戸の底から大きな魚が飛び跳ねて暴れるような激しい水音が聞こえた。

漆原と顔を見合わせる。

「何かカンに障ったかな？」

「御神酒を捧げて宥《なだ》めましょう」

杯では何か足らない感じがしたので、一升瓶ごと井戸の前に捧げて二人で手を合わせた。

翌年からも断続的に三回程、八田さんはこの儀式に参加した。

途中から漆原は抜けたらしく、以来顔を合わせることはなかったが、平成末に「井戸の浄化事業の終了のお知らせ」という一枚の、素っ気ない通知を受けとったきり、この井戸のある土地のその後は知らないのだそうだ。

# 墜落人形

高口さんの家は、商店街の中にあった。
二、三階が住居になった、小さなビル形式の建物である。
一階は店舗の造りで、今は個人経営のうどん店に賃貸《がし》している。元々は亡くなった父がその場所で金物屋をやっていたのだが、廃業後に母親が広範に使えるようにと倉庫を含めて改装した。

その家賃収入と、母の稼ぎで生活をしてきたのだが、母親は高口さんが十八歳になった折りに再婚して、今は相手先の家に住んでいる。

家賃は、高口さんの収入となるように手続きがされた。高口さんは定職に就いていなかったので、それとコンビニ等でのアルバイトの稼ぎで生活をしている。

高校卒業後、介護関係の専門学校に通おうとしたのだが、そのタイミングで強い体調不良が襲ってきた。

意欲が湧かず、通学を諦め、そのままずるずると引き籠もりに近い毎日になってしまった。

高口さんは三歳のときに、頭を怪我していた。当時の金物屋で店番をしていた母親と一緒にいたのだが、目を離した隙に倉庫で転んだらしく、その際偶々置いてあった端材か何かから飛び出ていた五寸釘のような物が、側頭部に突き刺さって頭蓋骨を貫通した。

発見まで暫く掛かったらしく、硬膜下に血腫ができて病院に運ばれた。そして、一命は取り留めたものの、後遺障害が残った。

七歳くらいまでは、時々全身性の痙攣《けいれん》発作が起きた。それは服薬で軽減したが、しつこい頭痛、嘔気《おうき》、たまに起きる記憶障害、ぼんやり感等には修学してからも散々悩まされた。

症状には波があって、忘れた頃にまた始まるという感じだった。

仕事や作業は、集中できる時間がどうしても短く、丁度このときは二十歳を過ぎた頃であったが、もう定職に就くのはすっかり諦めてしまっていた。

しかし、気に掛けてくれる人はいて、就労支援制度の利用を勧められていた。他にもいろいろ考えるべきことは山積みなのだが、それからも逃れるようにして、なるべくひっそりと暮らしているのだった。

今は何も面倒臭いことは考えたくない。後回しにできることは、そうしておこうという、妙な決断を下した時期だった。

その日は、昼間から立て続けにＤＶＤのアニメを二十話以上見て、いい加減に目がヒリつき欠伸《あくび》が出たので時計を見ると、二十二時を過ぎていた。

気が付かなかったが、小腹も空いているようだ。

階下のうどん屋はまだやっているはずなので、部屋着にサンダルを突っ掛けて玄関から続く細い階段を下りた。この階段は店の反対側に出る。

そこから路地を通り、ぐるりと回って、アーケードのある表通りに出るのだった。

階段を下りている途中に、風通しの壁の隙間があって、そこからふと今の天気が気に掛かり、ぎりぎり見える空のほうを確認しようとした。

昼間は曇っていたはずだ。雨の音はしないから大丈夫だろうが……。

バブル期に建った高層マンションが視界を塞いでいたが、星空が微かに見えた。

「あれっ？」

部屋の灯りが規則的に並ぶその中を、何かがよぎった。

いや、何かが落下していた。

一瞬だったが、長い裾のような布切れを棚引かせた人の形に似た何かが、マンションの上層階から落ちてきたように見えた。

しかし、落ちた先は壁に阻まれて確認ができなかった。

「何だったんだ？」

マンションの上層階から何かが落ちたのだとすると、かなり物騒な話である。下に人がいたら大変だ。

尻ポケットに、連絡用の携帯があるのを確認して高口さんは走った。柄にもないことをしているなとは思った。まるで体力がないし、走ると結構な確率で吐き気が来ることがあるのだ。

だが、マンションの入り口付近は至極平穏で、人の出入りもあった。落下地点と思しきところには車が停まっていて、家族連れが乗り降りしている。

「こっちの面だよな？」

確認をしたが、マンションのベランダがあり、部屋の灯りが規則的に並んでいるのは、その面で間違いはなかった。

見間違い？　……いや、
幻覚かもしれない、と思った。

実は小学校の三年生くらいまで、生々しい幻覚を見ることがあった。

学習机に向かって書き取りをやっていると、教科書の上を突然蛇が横切ったり、部屋の壁一面に影のような縞模様が現れたり、天井に宇宙船の中にでもありそうなメカニカルなハッチが現れたりした。例の痙攣治療の進行と同じペースで、それらの頻度は減っていき、最近ではそのことはすっかり忘れてしまっていた。

それは大抵は自分のすぐ傍で起きる。しかし、一度空高くにオレンジ色に輝く巨大なUFOを見たことがあり、絶対に距離感が近いとは言い切れないのであった。

うどん屋で、海老天うどんと稲荷寿司を注文して、一人席で黙々と食べていると、先ほど見た光景が頭をよぎった。

昔よくやっていたことなのだが、あれが幻覚だとすると頭の中で再構成して、別角度でイメージできることがある。その映像を作ったときの残渣《ざんさ》が頭の中のどこかに残っているのだろうと子供ながらに思っていたが、同じ症状を持つ他の人にそういうことができるのかどうかは分からなかった。

しかし、一瞬だった為か、今度のは同じ方向からしかイメージできなかった。

あれが現実だったという線はないのだろうか？

……いや、やはりそれはないだろう。純然と情報が足りないだけだと思った。

ただ、多少印象の拡大はできるような気がした。画像の加工ソフトと全く同じ要領で、頭の中でズームアップした。解像度が落ちるところも何となく似ている。

……手足が見え、人の形はしているようだ。

布切れが身体に巻かれているのか、あるいは裾の長いドレスのような物を着ているようで、盛大にそれが棚引いている。

姿勢は、落下しているのにも拘らず直立不動だ。しかも、背中側から落ちていた。頭部もある。髪がどうなっているのかは、よく分からない。

纏めると、どうも等身大の人形っぽい。

「考え事かね？　手が止まっているが」

暖簾《のれん》を仕舞いにきた店主が、話しかけてきた。閉店時間なので、早く食べ終えてほしいのだろう。

「いえ、変な物を見ちゃって気になって」

他人と話をするのは数日ぶりだったので、つい応じてしまった。会話に飢えていたのだ。

この人は謂わば店子なので、それなりの付き合いはあった。

「へえ？　変な物？」

起こったことと、見た物を正直に話した。

「ああ、それはあれだな。昔のドラマなんかで崖から人が転落するシーンに出てくるあれ。役者の身代わりの人形だな」

「なるほど」

確かに、それはテレビの二時間ドラマなどで目にしたことはあった。あれも直立不動で不自然な体勢で落下していて、そっくりである。

「しかし、何でマンションから？」

「……それは俺には分からないし、そもそも見間違えなんだろ？」

店主はそう言って店の奥に行こうとしたが、すぐに立ち止まった。

「そう言えば、あのマンションじゃあ、一回だけ飛び降りがあったな」

「そうなんですか？　僕、知らないですけど」

「夜中だったし、ひっそりと処理されたからな。確かあのマンションの最上階に住んでいた家族の、高校生の娘だった。受験ノイローゼだったという噂で、言い方は悪いが時々耳にするような……在《あ》り来たりの事件だった。入居して間がなかったらしいし、あそこは賃貸だしな。家族もさっさと引っ越してしまっていて、近所付き合いもなかったからすぐに忘れられたんじゃないか」

「いつ頃の話です？」

「この店を始めてすぐの頃だから、丁度十年前くらいかな」

他にもこの周辺では、孤独死とか自殺の話は多かった。駅近なので、出入りが多く賃貸マンションの類が密集していた。

だから、在り来たりと言えばそうなのだが、実際に飛び降り自殺が起こっていたというのは気味が悪いと思った。

だが、それと現実に見たのかどうかも分からない、人形っぽい何かとの繋がりなど、それ以上考えようもなかった。


暫くして久々にアルバイトをする気になって、その手続きに行った帰り、あのマンションの前を通りかかった。

自殺があったのは最上階の隅の区画だと、その後聞いていたので、気になってふと頭上を見上げた。

真昼の青空が見えた途端、それを中心から侵蝕するように黒い影が見る見る大きくなった。

「なっ！」

人の後ろ姿のような物が、急激に上方から近づいてくる。

つまり、何かが降ってくる真下にいたのだ。

堪らず横っ飛びに転んで避けたが、走ってきた自転車の前に飛び出してしまいぶつかりそうになった。

落ちてきていたはずの物体は地面に激突せず、何も起きていない。

見上げても、どこにもそんなものはありはしなかった。

急ブレーキを掛けたママチャリに乗っていた中年女性は、不快そうに顔を顰めると、黙って高口さんを避けて走り去った。

膝がガクガクして、すぐには立ち上がれなかった。

「何なんだ……」

幻覚だろう、とは思った。しかし、生々しすぎないか。真っ昼間に不意打ちで来るような、それに因縁の場所で都合よく起きる、そんな幻覚なんてあるんだろうか？

動悸が治まらず、暫くマンションの柱の影で休んでいたが、それ以上は何事もなく、どうにか家へと帰った。

その夜、なかなか眠れずに煩悶していると、瞼《まぶた》の裏に真下から見たあの物体のイメージが湧いてきた。

人の後ろ姿、女性のプロポーションをしている。やはり直立した体勢だが、腕は横に広げられていた。指も分かる。細くて長い……。

しかし、質感がおかしかった。硬質なものに見える。

やはり、人形っぽいと思えた。

……いやいや、そんなもの詳細に補完してどうするんだ。

起き上がって、冷蔵庫からミネラルウォーターを取り出して飲んだ。

喉の渇きが癒えて、幾分落ち着いた。

眠るのは諦めて、パソコンの前に座った。こうなったら、眠気がやってくるまでゲームでもやるしかない。

もう何年もやり込んでいるリアルタイム・ストラテジーゲーム。どんな展開になっても、最低二時間は息つく暇もない。

無心になって没頭していると、いつの間にかカーテンの隙間が明るくなってきた。

「もう朝かよ」

ゲームをポーズにして、トイレに立った。

何げなく、狭い廊下にある窓のカーテンを開けて外を見る。

そこからは、あのマンションの一部が見え、丁度あの人の形をしたものが、飛び出した直後のように放物線を描いて宙に舞っていた。

「……馬鹿げてんだろ」

カーテンを思い切り両手で絞り込んだまま、その場から動けなかった。

……もう、偶然なんかじゃない。

……あれは一体何なんだ？


昼間でも窓のカーテンを閉めっぱなしにして、外出も控えて一週間。結局、アルバイトの話も反故《ほご》になった。

頭の怪我の具合で、また何か面倒臭い症状が始まったのかもと、幾分冷静に考えられるようになってきた頃、母親から宅配便が届いた。

食料品と野菜が大量で、丁度いろいろ切れていたので有り難かった。

暫く電話もしていないことに気づいて、携帯から掛けた。

「はい」

「俺だけど、荷物届いたよ」

「そう。お野菜は頂いた路地の物だから、よく洗ってね」

「うん」

「……最近はどう？」

「うーん。……イマイチかな。そろそろ、病院に薬を貰いにいかないといけない。……仕事は、ちょっとサボっているところ」

「そう。……ともかく、あなたが元気であれば私はいいわ。何か具合が悪いようなことがあったら、すぐに言ってね」

「うん、分かったよ」

それで会話は終わった。母親は他県にいるので、直近に顔を合わせたのは正月だった。そろそろ季節は夏なので随分と会ってはいない。

母の再婚相手とは、急な再婚だったこともあって、未だに少し気まずい状態が続いているが、悪い人ではないことは分かっていた。

母親は、スナックの雇われママを長くやっていた。そこの常連客だったが、地域では大手に挙げられる有名企業の管理職だった。

昇進に伴って本社に戻り、母と結婚した。相手は初婚とのことで、連れ子などはいない。

一緒に住まないかとも誘われたが、どう贔屓目《ひいきめ》に考えてもこれほど不出来の自分なんかが、母の新しい家庭にいられる訳がないと思ったので、そのままそう答えた。

午後七時頃。簡単な食事を済ませてベッドで携帯を弄っていると、珍しく眠気が襲ってきた。無理して起きておく理由もなく、目を瞑って、そのままぐっすりと寝落ちしてしまった。


暗闇の中で目が覚めた。

……何時だろう？　零時くらいか？

見ていた携帯は？

が、起き上がろうとしても全く身体が動かなかった。

麻痺？　いや、感覚はある。

指を揉み合わせることくらいはできた。だが、腕が上がらない。寝返りができない。

首はやや傾げられるが、それっきりだ。

段々と頭がはっきりしてくるにつれて、所謂金縛り状態にあるのではないかと思い至った。

信じられない。こんなに普通に物事が考えられて、身体の内部感覚もあるのに力が入らないなんて。

もう一度、指を擦り合わせてみた。リアルに感じられる。が……金縛りは所詮夢であり、意識のはっきりした状態で、身体だけが眠っているのだということを聞いたことがある。

これは睡眠麻痺状態における……明晰な夢なのだろうか？

瞼は開いている……はずだ。いや、開いている。だって、こんなにパチパチと瞬きをしているのだから。

しかし、指先の感覚も瞬きのそれも、夢の中でそう感じているだけだという可能性に気づいて愕然とした。

何か光量が増したりする要因もないのだが、何故かうっすらと、部屋の中が見えてきた。

天井には、仰臥すればいつも目にする、ＬＥＤのシーリングライトが白々と見える。

しかし……どうも足元のほうに、あるはずのない洋服ダンスの輪郭が感じられ、やはりこれは現実そのままではないのではないかという疑念が湧いてきた。

夢なら早く醒めてくれ。

思い切り藻掻《もが》いてみる。しかし、体幹は全く意思に反応しないのだった。

……そして、不意に横手から、誰かが高口さんの顔を覗き込んできた。

心は激しく動揺したが、悲鳴も上げることはできなかった。

誰だ？　何なんだ？

〈……〉

それは、沈黙したまま動かなかった。

自分の額すれすれまで髪の毛が垂れ下がっているが、顔はよく分からない。

凹凸がうっすらとだけ……。

……鼻梁《びりょう》はあるが……目はないんじゃないか。

それが「アブストラクト・フェイス」と呼ばれる、容貌を抽象化したマネキンに類似していることに気づいて、高口さんは恐怖した。

人形ではないか。

まさか、あの飛び降りを繰り返している人形が？

〈……ウフフ〉

ようやく分かったのか、といった調子で人形が笑った。そして、すっと身を引くと……そのタイミングで、高口さんは現実の午前零時の世界で悲鳴を上げて跳ね起きていた。

睡眠を取るのが怖ろしくなって、朝までまんじりともできなかった。

起き上がってダイニングの椅子で、やたらと買い置きのアイスコーヒーを飲む。飲み過ぎて、終いには吐き気を催した。

点けっぱなしの照明が目に染みる。胃がシクシクと痛みだした。

液晶テレビが普段見ないようなワイドショーを始めた頃、生欠伸《なまあくび》が出始めた。

目の涙を拭って焦点が戻った際に、ダイニングテーブルの上に馬鹿でかい蝸牛《かたつむり》がいるのに気づいた。思わずのけぞったが、これは明らかに幻覚だ。

壁や天井に所構わずそれがおり、中には殻から人間の腕を生やしたものもいた。

キケケケと、窄《すぼ》めた口吻《こうふん》を広げて甲高く鳴いた。薄黄色の粘液がだらだらと周囲を流れ、不快なことこの上ない。

それらが消えてなくなるまで、トイレに籠もろうと席を立った。

しかし、個室のドアを開けると顔面の皮を剥がれたウルトラマンっぽい何かが座って新聞を読んでおり、便器の中では硫黄が滾《たぎ》っていた。

ドアを思いっきり閉め、振り向くと蝸牛の群れは消え失せていた。しかし、壁や天井は古代遺跡のような石造りのそれに変化し、原色の芋虫が沢山張り付いている。

パソコンの置いてある部屋のほうから、頭が獅子舞になった自立歩行ロボットが歩いてきて、虫を捕って食い始めた。

高口さんは馬鹿笑いをした。

何だこれは、幻覚三昧じゃないか。これほど際限なく続いたことは、かつてなかった。

自分はもう正気を失いかけているのではないかと思ったが、これだけ大量の幻覚を見るような状態であるのならば、あのマネキンみたいな人形なんて、その症状の一部なだけではないかと思えた。

ならば、全然大したことはない。

恐怖する意味などないではないか。

「面白いものでも見えているの？」

椅子に座ってヘラヘラしていると、横の席から女の声がした。

「出たな」と思って首を巡らすと、案の定あのマネキンのような等身大の人形がいた。

「お話をするのは初めてね」

「……お前は、一体何だ？」

「あそこのマンションから飛び降り自殺した、受験ノイローゼの女子高生でーす」

そういう事件があったのは既に聞いていたし、これは幻覚なのでこいつが今言っていること
は当てにならない。適当に自分の脳が答えているのかもしれない。

しかし……それでも、訊いてみたかった。

「だが、お前は人形じゃないか？」

「それはね」

人形は人差し指を顔の前でくるくる回して、

「最初に飛び降りたときに、地面に激突したときに痛いだろうかって急に心配になったのね。

それで、いっそ身体が人形だったら痛みを感じないだろうから、人形になりたいって思った訳。

そしたら、何と望み通り人形になってしまいました、まる。……まあ、勿論死後にだけど」

デタラメな幻覚の癖に、概ね言っていることは筋が通っている気がした。

「それで、何で俺が見ているときに飛び降りる？」

「んー？　そういう訳でもないんだけどね。結構、偶々なときが多いよ。シンクロニシティ？」

「本当かよ」

「それか、シンパシー？　どこかで私達って、共感しているのかも。……だって、あなたも私

と同じ人形じゃない」

「人形？　冗談じゃない、俺のどこが」

マネキンは口の辺りを押さえて、いかにも可笑しそうに、

「これは傑作だわ。全然、本当に気が付いていない？　……あのね、あなたって呪いの人形なのよ」

何を言っているんだ、こいつは？　全く理解不能だ。

「釘を打ち込まれているじゃない」

……ギクリとした。途端に周辺の幻覚が止んで、マネキンも椅子の上から消え去った。

気づくと、高口さんはダイニングの椅子の上で呆然としていた。

「夢？」

しかし、眠っていた感覚は全くない。

テーブルの上を見ると、零れたコーヒーを指でなぞって、何かが横文字で描かれていた。

……sympathy《シンパシー》……と読めた。

「夢じゃないと言いたいのか」

いや、俺が自分で描くことだって可能だ。自分でやって辻褄合わせをしているんだ。

……逆向きに描かれているが……。

……それにしても。

……釘を打ち込まれている？

右耳の上の辺りにある、少し隆起した古傷を指で撫でてみる。

これは、事故だったはずだ。

……今まで、全く疑ったことのない、幼い日の事故だったはずだ。

呪いの人形というのはあれか？　丑の刻参りに使う、あの藁人形のことか？

人を呪詛する為の。

ならば、誰が誰を呪詛したんだ？

……そう考えて、すぐに疑念が湧いた。

高口さんの父親は、高口さんが意識を取り戻す前に、急に体調を崩して亡くなっているのだ。

事故から十日も経っていない頃で、母親も倒れるような状態で大変だったと親戚から散々聞かされていた。

……誰がやったのか、ということを考えてしまってから、身体がワナワナと震えた。

店には他に誰もいなかったという話だったから、母親が一番怪しいではないか。

椅子を蹴倒して立ち上がった。

「おい！　マネキン！」

閉め切っていた窓を開け、あのマンションのほうを睨んだ。

「出てこい！　話がある！」

そう大声で呼ばわったが、その姿はどこにもなかった。


人形の言ったことばかりに考えを巡らしていると、携帯が鳴った。

液晶の表示は、母親からである。

ボタンを押すかどうか逡巡したが、

「はい。どうしたの？」

「身体の調子はどう？　──何だか胸騒ぎがして」

「調子は……」

最悪だったが、おいそれと話せる内容でもない。

特に変わりはない、と無難なことを言って、通話を切ろうと思ったとき、

「……ああ、お父さんのことね」と、急に母親の声の調子が変わった。

「え？」

「……はい。……はい。話します」

「誰と話しているんだよ？」

スピーカーに耳を押し当てると、どこか遠いところで微かに女の声と、「ウフフ」という特徴的な笑い声が聞こえた気がした。

「前の夫は、とても暴力的な人でした。何度も殴られて、すぐに愛想も尽きたのだけど、子供の為と思って我慢をしていました。でも、怨みというものは怖ろしいもので、いつかふつふつと殺意が湧いてきたんです。でも、腕力ではとても敵わないし、他の方法を考えても、普段からとても用心深い人で何もできない。なので、せめてもの憂さ晴らしで呪詛を行っていたんですが……何十個も人形を潰しても、幾ら釘を打っても何も変わりはなかった……」

「母さん！　そこに人形がいるのか？　言うことを聞くな！」

「だから……あるとき、ふと思ったんですよ。これは使う人形が悪いのではないか、類感呪術の考え方からすると、夫にもっと似たものがよいのではないか。そのほうが効果が上がるのではないか。……一番似たものが目の前にいることに、すぐに気が付きましたよ。その日も酷く殴られて、私は何もかもどうでもよくなって……金槌で」

そこで、いきなり通話は切れた。
掛け直す勇気は出なかった。

このとき以来、人形の気配は消えた。高口さんは、いつかまた出会ったら、金槌で顔面に釘を打ち込んでから、全身を粉々にしてやろうと思っている。

母親とは、それから何年も話をしていないが、親戚の話では普通に変わりなく暮らしているとのことだった。

# あとがき

「群書」とは、そのジャンルを形成する全ての書籍を意味するのであるが、当然中心部のメインストリームと、その外周部がある。

実話怪談の中心部は、誠実な書きぶりの文章、陰鬱な背景、凄絶な心霊現象と三拍子揃い、できれば実際の事件や物件などとリンクしているようなものだろう。なかなか、そこまでの材料は揃わないので、様々な「群書」が存在している訳だが、元々変わり種的なところを本書は目指していたので、外周部の片隅にひっそりと位置付けていただければと思う。

書きぶりとしては、例によってよく小説風と言われる、過去作でやってきたものを踏襲している。これをやると、ぶっちゃけ実話らしくない雰囲気が出てしまう訳だが、しかしこんなふうな縛りのある小説もない訳で、「また雨宮がやってやがる」と、御笑覧いただくほかない。

そもそもの目的である、実際の現場での感覚の再現が、少しでもできていればと思うのである。

昔のテレビの心霊番組では「再現ドラマ」というのをほぼ必ずやっていて、これを実話怪談でやったら、何か新しいものになるんじゃないかと思ったのが発端だった。

得てして、情報のみを並べた前段のほうが怖かったり、ドラマのほうでドーンと血塗れの老婆が映像で現れると逆に白けてしまったりしたので、効果としては文章にしてもほぼ同じなのが分かってきたのだが、メリットもある。

ドラマ形式なので、事件の背景と経緯が分かりやすいことがある。ジワジワと盛り上げるのには適しているようであり、特に「謎解き」が絡んでいるようなものであれば、その経緯をじっくり書いていくことができる。

実話怪談で、キャラが立った登場人物というのはほとんど見かけないが、再現ドラマ形式ではこれが何故か滲み出てくる。

前書きで触れた「幽霊に出会っても驚かない人」というのは大抵個性が強く、その個性が話に影響を与えている場合には、特に効果的なのではあるまいか。

ただ、登場人物同士の会話の部分では全てを再現するのは不可能なので「多分、こうだったんじゃないか劇場」になってしまう訳だが、これについてはオール地の文でもない限り大なり小なり行われているので、目を瞑っていただくしかない。

初期には現場の再現に拘っていて、結構執拗な描写を繰り返し、読者にイメージを叩き込んでやろうと試みていた。

そうやったほうが効果的な話が手材料として揃っていた為だが、最近では筆者も丸くなってきたせいか、その傾向も減ってきて、まあまあ文章的には適度なバランスになってきたのではないかと思う。

他のメリットとしては、長い話でも意外に朗読に耐え得るという点もある。できれば、オーディオドラマ形式にしたほうが、いい感じになると思うのだが、どなたかやってもらえないものだろうか。


筆者の紹介文に「現役看護師」というのが、よく使われていた。まだ医療関係には関わってはいるのだが、さすがに現役バリバリという訳ではないので、これはそろそろ引っ込めることになるだろう。

コロナ禍で病院施設や介護施設には甚大な影響があり、関係者は大変疲弊した。

巣籠もりの世相になった頃から、怪談語りのブームが起こってきたようで、筆者もよくその動画などを視聴させてもらっている。

現在も盛んのようで、そのうち怪談が枯渇するんじゃないかと思えるくらいの数が溢れている訳だが、あれは話を丸々憶えていて、起伏を付けながら上手い具合に話さないといけないので、やはり芸に分類されるものなんだろうなと思う。

かと言って話芸に特化すると、面白いことに実話怪談の実話感喪失現象みたいなものが起きてしまうようで、訥々《とつとつ》と素人っぽく話す感じのものがやはり怖い。

良いところ取りで、両者を融合させた新しい話芸も生まれているようなので、一概には言えないが、筆者の好みではそうである。

動画あるいはポッドキャスト等には、体験者自身が話すものがあるが、話し上手の人がそれをやると、また別格の怖さがある。

とすると、訥々と素人っぽく話す怪談師と、話し上手の体験者の話が伯仲していて、一番怖いということになるのだろうか。

キャンプ等で披露する為の怪談のハンドブックというのが昔あったが、そんな感じで、訥々とした語り用に特化した、台本形式の実話怪談というのができるのかどうか、最近少し興味を持っている。

「怪談師」という呼称だが、最近耳にするようになった気がするかもしれないが、実はこれはかなり以前から使われていた。

見世物で、幽霊屋敷や生き人形等を披露して興行する人を「怪談師」と言った。

また、その曰く因縁を語って聞かせることもやっていたので、実は形態としては今とあまり変わっていない。

一方で、落語・講談などの怪談ものが得意な人も「怪談師」と呼ばれることがあった。

多分、現在のそれは後者のほうから由来した可能性が高いのだが、いずれにしろ伝統芸には違いないという訳である。

筆者の子供の頃まで、小屋から運んできて組み立てる形式の、興行のお化け屋敷がぎりぎり存在していた。

今のお化け屋敷はアミューズメント化しているが、昔の奴は泥臭い手作り感マンマンのもので、粗末と言えば粗末なのだが、それでも何とも言えないおどろおどろしさがあった。

原色の看板、血飛沫だらけの室内、蓬髪《ほうはつ》で経帷子《きょうかたびら》を着た奇怪な女役者、飛び交う火の玉。

あの頃の原初的な恐怖の切迫感が、やはり本物のそれなんだろうと思う。

なかなか、そういうところまでは達せないが、大いなる恐怖へと至る旅路はもう少し続いているように思う。

二〇二三年　九月　　雨宮淳司

## ★読者アンケートのお願い

本書のご感想をお寄せください。アンケートをお寄せいただきました方から抽選で 10 名様に図書カードを差し上げます。

（締切：2023 年 11 月 30 日まで）

## 応募フォームはこちら

# 怪談群書 墜落人形

2023 年 11 月 6 日　初版第一刷発行

著者……………………………………………………………………… 雨宮淳司
監修……………………………………………………………………… 加藤 一
カバーデザイン……………………………………………… 橋元浩明（sowhat.Inc）

発行人………………………………………………………………… 後藤明信
発行所…………………………………………………………… 株式会社　竹書房
〒 102-0075　東京都千代田区三番町 8-1　三番町東急ビル 6F
email: info@takeshobo.co.jp
http://www.takeshobo.co.jp
印刷・製本………………………………………………… 中央精版印刷株式会社